Somos associados da **Fundação Abrinq** pelos direitos da criança.
Nossos fornecedores uniram-se a nós e não utilizam mão-de-obra infantil ou trabalho irregular de adolescentes.

Sonhos de Liberdade

1-4-08-42.000

Direção editorial:	**Flávio Machado**
Assistente editorial:	**Dirce Yukie Yamamoto**
Chefe de arte:	**Marcio da Silva Barreto**
Capa:	**Júlia Machado**
Diagramação:	**Ricardo Brito**
Revisão:	**Maria Aiko Nishijima e Berenice Martins Baeder**
Auxiliar de revisão:	**Adriana Maria Cláudio**
Fotolito da capa e impressão:	**RR Donnelley**

Dados Internacionais de Catalogação na Publicação (CIP)
(Câmara Brasileira do Livro, SP, Brasil)

Jussara (Espírito).
Sonhos de liberdade / romance do Espírito Jussara ; psicografado pela médium Vera Lúcia Marinzeck de Carvalho. – São Paulo : Petit, 2008.

ISBN 978-85-7253-163-4

1. Espiritismo 2. Psicografia 3. Romance brasileiro
I. Carvalho, Vera Lúcia Marinzeck de. II. Título.

08-02193 CDD: 133.93

Índices para catálogo sistemático:
1. Romances espíritas : Espiritismo 133.93

Impresso no Brasil, no outono de 2008.

Prezado leitor(a),

Caso encontre neste livro alguma parte que acredita que vai interessar ou mesmo ajudar outras pessoas e decida distribuí-la por meio da internet ou outro meio, nunca deixe de mencionar a fonte, pois assim estará preservando os direitos do autor e conseqüentemente contribuindo para uma ótima divulgação do livro.

Sonhos de Liberdade

Psicografado pela médium

Vera Lúcia Marinzeck de Carvalho

Romance do Espírito

Jussara

Rua Atuaí, 383/389 – Vila Esperança/Penha
CEP 03646-000 – São Paulo – SP
Fone: (0xx11) 2684-6000

Endereço para correspondência:
Caixa Postal 67545 – Ag. Almeida Lima
03102-970 – São Paulo – SP

www.petit.com.br | petit@petit.com.br

Livros da médium
VERA LÚCIA MARINZECK DE CARVALHO

Da própria médium:

- *Conforto Espiritual*
- *Conforto Espiritual 2*

Psicografados:

Com o Espírito Antônio Carlos

- *Reconciliação*
- *Cativos e Libertos*
- *Copos Que Andam*
- *Filho Adotivo*
- *Reparando Erros de Vidas Passadas*
- *A Mansão da Pedra Torta*
- *Palco das Encarnações*
- *Histórias Maravilhosas da Espiritualidade*
- *Muitos São os Chamados*
- *Reflexos do Passado*
- *Aqueles Que Amam*
- *O Diário de Luizinho* (infantil)
- *Novamente Juntos*
- *A Casa do Penhasco*
- *O Mistério do Sobrado*
- *O Último Jantar*
- *O Jardim das Rosas*
- *O Sonâmbulo*
- *Sejamos Felizes*
- *O Céu Pode Esperar*
- *Por Que Comigo?*
- *A Gruta das Orquídeas*
- *O Castelo dos Sonhos*

Com o Espírito Patrícia

- *Violetas na Janela*
- *A Casa do Escritor*
- *Vivendo no Mundo dos Espíritos*
- *O Vôo da Gaivota*

Com o Espírito Rosângela

- *Nós, os Jovens*
- *A Aventura de Rafael* (infantil)
- *Aborrecente, Não. Sou Adolescente!*
- *O Sonho de Patrícia* (infantil)
- *Ser ou Não Ser Adulto*
- *O Velho do Livro* (infantil)
- *O Difícil Caminho das Drogas*
- *Flores de Maria*

Com o Espírito Jussara

- *Cabocla*
- *Sonhos de Liberdade*

Com espíritos diversos

- *Valeu a Pena!*
- *O Que Encontrei do Outro Lado da Vida*
- *Deficiente Mental: Por Que Fui Um?*
- *Morri! E Agora?*
- *Ah, Se Eu Pudesse Voltar no Tempo!*

Livros em outros idiomas

- *Violets on the Window*
- *Violetas en la Ventana*
- *Violoj sur Fenestro*
- *Reconciliación*
- *Deficiente Mental: ¿Por Que Fui Uno?*
- *Viviendo en el Mundo de los Espíritus*

Sumário

1
No castelo

O conde estava inquieto, mais do que de costume. A expectativa daquela visita o incomodava. Relia pela terceira vez a carta do tutor-tio de sua esposa, anunciando que ele e a família estariam no castelo dentro de cinco dias.

– Tenho de manter a calma! – exclamou.

Abriu a porta do seu escritório e ordenou ao empregado que aguardava suas ordens:

– Vá chamar Turch!

Turch fora sua ama e estava sempre ao seu lado, era a única pessoa em quem confiava. Minutos depois, ela bateu à porta; o conde ordenou que entrasse e Turch o fez. Era uma mulher estranha, vestia-se com simplicidade, estava sempre com os cabelos um tanto despenteados. O conde achava que ninguém conseguiria acertar sua idade. Ele sabia que ela era velha, embora não aparentasse; ela cuidara dele e ele estava com 32 anos.

– Chamou-me, condinho?

– Não gosto que me chame assim – resmungou o conde.

– É a força do hábito! – exclamou Turch. – Estamos a sós. Se o chamo assim é para afirmar que pode contar comigo.

– Como sabe, velha, que estou com problemas?

– Vi o mensageiro do tutor de sua esposa no castelo – respondeu a empregada.

– O tio dela virá nos visitar! E ele não pode ver nada de comprometedor – falou o conde.

– Vou organizar tudo – disse Turch. – Precisarei de dinheiro. Contratarei mais empregados, limparemos o castelo, ordenarei para fazer boas comidas. Dará certo!

– E Sacha? – perguntou o conde.

– Estará doente e o tutor verá que está sendo bem tratada – respondeu sua antiga ama.

– Faça tudo para que eles tenham uma boa impressão. Por favor – pediu o conde.

– Começo já!

Turch saiu do escritório. O conde sabia que podia confiar na sua ama, a velha Turch. Ficou sentado pensando por instantes. Era filho único, sua mãe faleceu quando ele tinha 12 anos e o pai optou por não se casar novamente. Seu genitor morreu quando ele tinha 22 anos. Recebera de herança aquele castelo, que era de porte médio, e uma grande área de terra cultivada à sua volta. Ele vivia de rendas.

Estudara, teve professores que iam ao castelo lhe dar aulas. Quando seu pai morreu, o conde deixou Turch tomando conta de tudo e viajou. Gastou muito dinheiro nessa viagem e quando voltou entendeu que teria de fazer algo para não ficar arruinado.

Resolveu casar e fez uma pesquisa entre as moças com idade de casar que possuíam bons dotes. Escolheu Sacha, que era órfã e fora criada pelo tio-tutor. Ela estava com 18 anos e não era bonita – não para o gosto do conde –, mas era rica. O conde a cortejou, usou de alguns artifícios para enfeitiçá-la e, enamorada, ela casou julgando que seria muito feliz. No começo, até foi; o conde era gentil, um marido atencioso, ela ficou grávida e teve um filho.

O conde começou a se ausentar, não lhe dava satisfação e começaram a brigar. Sacha correspondia-se com os tios e os primos e um dia o marido leu uma carta que ela escrevera ao tio. Nessa carta, ela se lastimava, dizendo estar infeliz, pedia para voltar e que queria se separar dele. O conde rasgou a carta e começou a sedar a esposa. Antes de seu filho nascer, contratou uma jovem muito bonita para ser ama da criança. Sentiu-se atraído por ela, tornaram-se amantes e ela também teve um filho. Foi Turch que desapareceu com ela a seu pedido logo após ter tido a criança. A atual ama era uma senhora já idosa, que cuidava dos dois meninos.

– Vou ter de fechar meu laboratório! – exclamou o conde aborrecido.

Saiu do escritório, passou por corredores, desceu escadas, abriu uma porta, não prestou atenção na sala, puxou uma trava numa estante, que se movimentou dando passagem para um *hall* pequeno onde havia uma porta muito resistente, destrancou-a com uma chave trazida no bolso e entrou. Acendeu um archote na parede e fechou a porta.

– Vou organizar tudo, não estarei por aqui pelo tempo que a visita permanecer conosco.

O conde se denominava alquimista. Era um aprendiz. Naquele cômodo, seu laboratório, tinha muitas coisas estranhas: tubos com líquidos coloridos, potes fechados com pós e tripés para queimar ervas. Demorou umas cinco horas para deixar tudo arrumado. Distraído, nem sentiu o tempo passar. Anoiteceu. Achando que tudo estava em ordem, apagou os archotes da parede, pegou uma tocha e saiu trancando a porta; fazendo o mesmo trajeto, foi para o seu escritório e deixou as chaves do seu laboratório numa gaveta e a trancou.

Sentiu fome, foi para a copa e lá encontrou legumes e pães que Turch, adivinhando que ele se alimentaria, deixou arrumado. Comeu e tomou dois cálices de vinho. Dirigiu-se à ala dos quartos e passou pelos aposentos dos filhos. Viu a ama dormindo ao lado do seu filho com Sacha. Sorriu e pensou:

"Turch deve ter levado meu outro filho para outro local. Esperta, sabe que o tio de minha esposa não deve ver o outro menino."

Passou pelo quarto de sua esposa. Casais castelães raramente dormiam juntos, era costume ter seus aposentos separados, mas perto. Uma empregada dormia num colchão no chão fazendo companhia a Sacha, que se encontrava adoentada.

"Você, Sacha", pensou o conde, "deve ter escrito sem eu saber para o seu ex-tutor, reclamando! Você está doente, meu bem! Seu tio constatará que está bem cuidada. Quando ele for embora, vou castigá-la como merece!"

E Turch, no outro dia cedo, começou o processo de limpeza e três dias depois tudo estava pronto para receber as visitas. Até Sacha melhorou.

Cinco dias depois de o conde receber a carta avisando da visita, as pessoas aguardadas chegaram. Veio o ex-tutor, um senhor distinto, sua esposa, dois filhos e empregados. Foram recebidos com alegria, e o conde, gentil e atencioso, fez de tudo para lhes agradar.

– O que você tem, Sacha? – perguntou seu tio. – Estou preocupado. Nas cartas, você se queixou de estar adoentada. O que está sentindo?

Seu tio, irmão de sua mãe, era uma pessoa bondosa, criou Sacha com carinho de pai. Quando ela se enamorou do conde, ele pôs algumas objeções. Não souberam nada do conde que pudesse desaboná-lo, entretanto não conseguiu gostar dele. A sobrinha casou muito contente. E, naquele lar, tudo estava perfeito, muito limpo, comidas refinadas, mas ele continuava preocupado.

– Não sei o que tenho, titio – respondeu Sacha. – Meu marido já trouxe vários médicos para me examinar. Sinto muito sono, durmo muito, estou sempre apática.

– Você reclamou de seu esposo em uma de suas cartas, depois não o fez mais. Você dizia que ele se ausentava e que havia outra criança no castelo.

– Era o filho de uma das servas – respondeu o conde. – Nosso filho fica somente com adultos e eu permiti que essa criança, que tem a mesma idade do nosso filho, venha às vezes brincar com ele. Estou muito preocupado com Sacha, amo-a muito. Realmente não sabemos o que ela tem, é muito triste, para mim, vê-la apática e querendo permanecer em seus aposentos. Não me ausento, mas tenho de trabalhar, fico no escritório e vou sempre fiscalizar o trabalho em minhas terras.

– Não sei explicar o que sinto, titio. Tenho sono e quero dormir – queixou-se Sacha.

– Conde, peço-lhe que permita que Sacha e o filho passem um tempo conosco. Talvez ela melhore.

– Quero muito ir – pediu Sacha.

– Não, titio, mulher deve ficar ao lado do marido. Mas prometo que assim que acabar a colheita iremos nós três visitá-los e passaremos depois dois meses numa estação de águas.

– Aguardaremos ansiosos por essa visita! – exclamou o tio.

Assim combinado, marcaram a data.

Sacha às vezes necessitava apoiar-se em alguém para andar e o conde se desdobrava em atenção. Os parentes dela acharam-no um marido carinhoso e dedicado.

As visitas ficaram vinte dias, depois foram embora. A tia e os primos convenceram-se de que Sacha estava muito bem casada e cuidada. Mas o tio, sem entender bem por que, sentia-se inquieto e fez o conde prometer novamente que os visitaria.

– Que alívio, Turch, eles foram embora! – exclamou o conde.

– O que faremos agora? – perguntou sua antiga ama.

– Tudo voltará ao normal. Traga meu outro filho e deixe-os juntos. Dê este outro remédio para minha esposa.

Turch sorriu e saiu, foi fazer o que lhe fora ordenado.

– Vou voltar ao trabalho! – exclamou o conde.

Da janela viu uns empregados saírem, Turch os dispensara.

– Que alívio vê-los ir embora. Não gosto de muitos empregados – murmurou.

Sentou-se numa poltrona e dormiu por algumas horas. Acordou disposto e foi ao aposento de seus filhos, os meninos brincavam no chão. O seu com Sacha tinha dois anos e seis meses, o outro, dois anos.

"Órfãos de mães!", pensou o conde. "Tive de matar a mãe do mais novo e com certeza terei de fazer o mesmo com Sacha. Essa esposa somente me atrapalha."

O conde vivia na Alemanha no final do século 14. Seu castelo era isolado, perfeito para ele. Brincou com os dois meninos, riu com a peraltice deles. Eram crianças encantadoras. Recomendou à ama que cuidasse bem dos garotos. Foi ao escritório e separou dinheiro para que Turch fizesse pagamentos. Anoitecia e ele foi aos aposentos da esposa. Sacha estava sozinha, deitada com os olhos abertos. Olhos azuis.

– Seus olhos são lindos! – exclamou o conde.

Sacha não se moveu. O conde aproximou-se e falou em tom baixo:

– Você não serve para nada! Somente me atrapalha! Eu lhe pedi para não se queixar. Você escreveu para o seu tio, mas não adiantou, eles vieram aqui e constataram que você está doente. E com certeza vai piorar. Antes dormia, agora não poderá se locomover. Como sei? É fácil, minha querida, o médico me afirmou. A doença que tem faz isso mesmo. Quer ver como não consegue se mexer?

Tirou do bolso um pote, abriu e pegou uma sanguessuga. Sacha olhava assustada, compreendia tudo, mas não conseguia se mexer nem falar. Estava apavorada. O conde colocou a sanguessuga em sua perna, acima do tornozelo. Sentiu a picada e por mais que se esforçasse, não conseguiu mexer um músculo sequer. O conde riu e saiu. Foi ao encontro de Turch, que estava no quarto dela.

– Turch, quero que você mesma dê o remédio para Sacha, pode continuar colocando na água. Vá ao aposento dela logo mais e retire a sanguessuga que coloquei em sua perna. Com esse tratamento, Sacha ficará inerte; dormirá menos, mas não falará mais e não levantará nem para fazer suas necessidades básicas. Vou para o meu laboratório, daqui a três dias me avise, vou mandar chamar o médico mais uma vez. Aparentemente, tenho de cuidar dela, os médicos deverão sempre examiná-la, quero que continuem pensando que ela é bem tratada. Tenho de parecer um marido exemplar. Ela morrerá e ficaremos livres dela e eu rico.

– Farei tudo como quer. Pode confiar – afirmou Turch.

– Eu confio!

Turch olhava-o com adoração. Ele saiu e ela pensou:

"Meu querido! Meu filho amado! A esposa de seu pai era uma mulher fraca, sem graça. Fui amante de seu pai e você nasceu dessa união. Íamos ter filhos na mesma época; o dela morreu e o meu ficou no lugar. Criei-o sem que soubesse que eu sou sua mãe. O condinho me quer bem, confia em mim e eu o amo."

Turch e uma serva foram cuidar de Sacha, encontraram-na apavorada e não conseguia se mexer.

– A condessa não está pior? – perguntou a empregada.

– Não sei – respondeu Turch. – Que doença estranha, não é mesmo?

– Três médicos tratam dela e a condessa não melhora. Coitado do nosso amo, é tão apaixonado. Não merece ter por esposa uma mulher doente. Vamos cuidar bem dela – falou a serva com piedade.

Sacha não dormia como antes, mas não conseguia se mexer. Três dias depois, o médico foi examiná-la. O conde estava presente, demonstrando preocupação. O médico não sabia o que ela tinha nem como tratá-la. Quando o médico foi embora, Sacha ficou sozinha; viu a porta se abrir e Gertrudes, sua antiga ama, entrar e fazer-lhe sinal para que ficasse quieta. Sinal desnecessário, porque Sacha não se movia.

– Seu tio e eu ficamos inquietos, preocupados com você. E quando estávamos aqui, arrumamos um modo de eu voltar sem que ninguém me visse para que cuidasse de você. Para começar, vou jogar essa água fora e trocar por outra. Acho que seu marido está enfeitiçando-a, dando algo para tomar que a deixa assim doente. Vou trocar também este vinho e pão.

Jogou tudo pela janela, que foi cair no fosso que havia em volta do castelo.

Gertrudes a beijou. Sacha se sentiu aliviada por vê-la, mas ao mesmo tempo teve medo de que descobrissem que ela estava ali sem permissão.

Escutaram barulho. Gertrudes, esperta, entrou em um baú grande e ficou escondida. Turch entrou no quarto, deu água com vinho a Sacha e colocou em sua boca pequenos pedaços de pão umedecidos. Depois a cobriu e saiu. Logo depois, o conde entrou e falou em tom baixo:

– Minha esposinha, o médico está preocupado, não sabe mais o que fazer. Então sugeri a ele para escrever uma carta ao seu tio dizendo que sua doença é grave e que logo vai morrer. O doutor o fez e a missiva está a caminho. Não me olhe assustada assim! Poderia lhe dar mais remédio e você aparentar estar morta e enterrá-la viva, mas como sou bonzinho não farei isso. Quando chegar a hora, darei a você um veneno e morrerá.

O conde saiu do quarto e Gertrudes do baú, do seu esconderijo, acendeu uma vela pequena, porque o aposento estava escuro. Aproximou-se de Sacha e falou:

– Que situação! Seu tio deu muito dinheiro a um empregado do castelo para me ajudar a entrar aqui e verificar o que acontece. Seu marido quer matá-la para ficar com sua fortuna. Se eu for embora, não terei tempo de avisar seu tio, pois são quatro dias de viagem. E, depois, quem acreditará em mim? Médicos de renome cuidam de você. Até voltarmos, você estará morta. Escutei o que ele falou. O servo que está nos ajudando me disse que o conde some por dias, mas não sai do castelo; diz, também, que ele é um bruxo. Está encantando você com drogas. Pelo buraco da fechadura do baú, vi Turch colocando gotas na água. Vou jogá-la fora e colocar outra. Sem a droga, você logo se movimentará, mas não o faça na presença de Turch ou do conde. Ainda bem que o seu tio me deu muito dinheiro, tentarei subornar novamente o empregado para nos ajudar a fugir. Sim, minha menina, vou fugir com você, vou planejar nossa fuga. Agora durma! Vou cuidar de você!

Gertrudes apagou a vela e segurou a mão de Sacha, que acabou dormindo. De manhãzinha, os raios de sol clarearam o quarto. A ama ficou atenta e, ao escutar um barulho, escondeu-se no baú. Turch e uma empregada entraram.

– Vamos trocá-la – disse Turch. – A condessa agora faz até suas necessidades na roupa, na cama.

Higienizaram-na e depois Turch lhe deu leite com cereais e, em seguida, a água. Saíram. Gertrudes saiu do baú, aproximou-se de Sacha.

– Como está? Sente-se melhor sem a droga?

– A-ju-da! – disse Sacha com muito esforço.

– Vou ajudá-la! Vim aqui para isso!

Gertrudes fez massagem nos braços e pernas de Sacha, que conseguiu se movimentar um pouco.

– Que te-nho? – Sacha perguntou.

– Não sei, acho que está doente pelas drogas que Turch coloca na água. Vou continuar aqui, escondida e atenta. Aja como se não se mexesse. Fugiremos e iremos para o convento que não fica longe do castelo. A irmã abadessa, que é uma santa, amiga de seu tio, nos acolherá e cuidará de você.

À tarde, Turch, usando calçados com solado de madeira que faziam muito barulho no corredor, foi novamente cuidar de Sacha, que se esforçou para ficar inerte. Limpou-a, trocou as roupas e lhe deu um caldo de legumes.

– Coma, condessa! Está muito magra.

E depois lhe deu água. Fechou a janela.

– Tenho de colocar no seu pé esta sanguessuga. São ordens.

Sacha horrorizada arregalou os olhos, mas não se mexeu.

Turch colocou o hirudíneo e ela sentiu a picada. A empregada retirou-se fechando a porta. Gertrudes saiu do baú e tirou a sanguessuga de Sacha e colocou-a na sua perna.

– Que faz? – perguntou Sacha.

– A sanguessuga tem de sugar, que seja o meu sangue. Sacha, vi Turch colocar novamente a droga na água. Amanhã cedo ela trocará a água e colocará com certeza as gotas. Quando ela for embora, trocarei a água e você poderá tomar. Esforce-se e coma tudo o que ela lhe der. Tenho aqui comigo água, pão e carne, que vou desfiar e colocar na sua boca. Tem de ficar mais forte! Vou massagear você. Terá de ficar de pé para que possamos fugir. Quando achar que todos no castelo estão dormindo, vou à cozinha pegar alimentos.

No outro dia cedo, Gertrudes tirou a sanguessuga de sua perna e colocou-a no pé de Sacha, que já se sentia melhor.

– Sacha, finja estar pior, não se mexa, por favor!

Turch veio, tirou a sanguessuga e junto com a outra empregada, limparam a condessa, deram-lhe o resto da água e depois leite. Turch colocou água no pote e nela gotas de um frasco, e explicou à serva:

– É o remédio que o doutor receitou. Parece não estar fazendo efeito.

– Será que a condessa vai melhorar? – perguntou a moça.

– Não sei – respondeu Turch. – Espero que sim, é tão nova e bonita. Está tudo arrumado, vamos embora. Você trará na hora do almoço um caldo e dará a ela. Depois a faça tomar a água. Ainda bem que a senhora está se alimentando.

Como foram embora, Gertrudes saiu do esconderijo, jogou a água fora, lavou o pote e colocou outra do seu cantil, que enchera na cozinha à noite.

– Vamos, Sacha, fazer uns exercícios. Espero que possamos fugir à noite. Conversei com o empregado que subornamos, pedi a ele para nos esperar. Ele nos auxiliará a sair do castelo pelos fundos. Vamos nos encontrar com ele em um dos corredores, e ele me ajudará a levá-la até um casebre onde deixei um trole. Acomodarei você nele e guiarei o cavalo. Vamos ao convento onde a abadessa nos esconderá.

O dia foi tranqüilo, a serva veio e deu água e sopa a Sacha. Quando ficaram sozinhas, Gertrudes saiu do baú, massageou-a e a fez fazer exercícios. Sacha movia os pés, braços, cabeça e falava com dificuldade. Turch trouxe o jantar, deu-lhe colheradas de um caldo e mais água.

– Tome água, condessa. Eis o remédio de que precisa.

Sacha tomou. Turch fechou a janela, saiu e voltou à noite; trocou Sacha, deu-lhe leite e depois água. Colocou novamente duas sanguessugas em suas pernas, apagou a vela e saiu deixando-a no escuro.

Foi Sacha que tirou os vermes e os colocou em cima da cômoda.

– Muito bem, Sacha! – Gertrudes incentivou-a. – Fique sentada. Vamos fazer uns exercícios. Espero que o conde não venha vê-la. Se escutarmos barulho, coloque rapidamente as sanguessugas, deite e fique inerte e eu terei de me esconder. Depois vou massageá-la. Vamos ficar quietas, assim escutaremos se alguém passar pelo corredor.

Gertrudes a fez ficar de pé, forçou-a a dar alguns passos.

– Obri-ga-da, Ger-tru-des! – balbuciou Sacha.

Gertrudes massageou-a, depois a ajudou a trocar de roupa e agasalhou-a.

– Tome este vinho com água e coma este pão. Precisará de forças – aconselhou a ama.

Não escutaram mais nenhum ruído no castelo. Gertrudes olhou por todo o aposento verificando se tudo estava no lugar. Jogou o resto da água fora, o conde poderia desconfiar que não havia droga nela. Amarrou na cintura um saco com os seus pertences, os que havia trazido. Abriu a porta, não havia ninguém, todos estavam dormindo. Colocou os braços de Sacha nos seus ombros e saíram do quarto com cautela. Gertrudes segurava uma vela com uma mão e com a outra as mãos de Sacha no seu peito. Caminharam pelo corredor e desceram as escadas. Sacha estava se esforçando muito para dar os passos, apoiava-se nas costas de Gertrudes e as duas desceram degrau por degrau. Chegaram ao *hall* e a ama abriu uma porta que levava aos fundos do castelo pela qual passaram. Fechada a porta, seguiram por um corredor escuro e úmido, desceram novamente as escadas, que estavam sujas e muito escorregadias. Estavam ofegantes. Gertrudes parou em frente a uma porta, bateu três vezes e as batidas foram retribuídas. Ela falou baixinho informando Sacha:

– É o nosso ajudante! Agüente firme!

Sacha estava para desfalecer, conseguiu chegar até ali pelo desespero de sobreviver. Pensou no filhinho: "Depois volto para buscá-lo".

O empregado abriu a porta, estava com uma tocha, que deu para Gertrudes e pegou a condessa no colo. Rapidamente, atravessaram outros corredores, desceram mais escadas e subiram outras. Sacha não conhecia aquele local do castelo.

– Passamos por debaixo do fosso – explicou o empregado. – Poucas pessoas conhecem este caminho para sair do castelo.

O local era úmido e escuro. Em frente a uma porta, o empregado colocou Sacha no chão e Gertrudes amparou-a; ele abriu a porta e entraram num casebre.

– Pronto, chegamos. Vamos colocá-la no trole e podem partir.

Ele acomodou Sacha. A ama, carinhosamente, cobriu-a com uma manta grossa; em seguida, pagou ao homem que as ajudou. Ele ficou satisfeito com o dinheiro que recebeu. Gertrudes puxou o cavalo pela rédea e saíram do casebre. O vento frio as gelou. A ama, andando ligeiro, puxava o animal evitando barulho. Caminhou assim por uma hora, quando viu que não havia mais perigo de alguém do castelo escutar o trote do animal, ela se acomodou no trole e fez o cavalo ir mais depressa. O caminho estava escuro e por isso estava atenta, mas sempre olhava Sacha, que tremia de frio, calada e inerte.

O Sol nasceu iluminando a paisagem, que era linda. A floresta com suas árvores frondosas parecia não ter fim, mas nenhuma das duas a observava. Sacha abriu os olhos, mas estava apática e Gertrudes, preocupada, prestava atenção no caminho. Não queria ser vista e contava com a sorte para chegar ao seu destino. Pensava aflita:

"Logo Turch irá ao aposento de Sacha e verificará que ela não está. As buscas começarão, tomara que achem que ela está no castelo."

Eram quatro horas da tarde quando chegaram, os três estavam exaustos, o animal e as duas, pois haviam parado somente duas vezes para a ama dar água a sua menina. Entraram numa construção antiga, era um convento. Três freiras foram ajudá-las. Ampararam Sacha e levaram-na para dentro. A abadessa ordenou para uma subalterna:

– Cuide do cavalo e vamos alojar essas amigas.

As duas foram colocadas numa sala aquecida por uma lareira e tomaram um caldo quente. Gertrudes deu o alimento para Sacha e depois se alimentou. A abadessa entrou na sala.

– Preparei um banho para você com muitas ervas para ajudá-la a melhorar.

Sacha foi carregada para outro cômodo, que também estava aquecido, se deixou despir e foi colocada numa banheira com água quente e muitos ramos de ervas. Ao respirar aquele vapor, sentiu-se melhor.

A abadessa foi colocando água quente e ela ficou muito tempo na tina. A freira lhe lavou os cabelos. Gertrudes também se banhou em outro cômodo e depois foi ajudar a tirar Sacha da água e enxugou seus cabelos. Em seguida, vestiram-na com outras roupas.

– Vamos queimar as que vocês usaram, para não deixar vestígios – disse a abadessa. – Agora você irá novamente se alimentar, depois vamos acomodá-la no leito e poderá dormir sossegada.

Sacha sentou-se e dessa vez alimentou-se sem ajuda.

– O que aconteceu, Gertrudes? – Sacha perguntou.

– Seu tio e eu desconfiamos de que algo errado estava acontecendo com você. Então, ele deu dinheiro àquele homem para que falasse o que ocorria em seu lar. Ele não sabia de nada, mas concordou em me auxiliar a entrar no castelo e ficar escondida. Quando fomos embora de sua casa, depois da visita, paramos neste convento. Sua tia é prima da abadessa e ela concordou em nos ajudar. Seu tio partiu com a família e eu fiquei aqui. À noite, peguei aquele trole e fui para o casebre onde o empregado me aguardava e por aquela passagem por meio da qual saímos ele me colocou dentro do castelo. Seu marido deve ter casado com você pelo seu dote e quer ficar viúvo. Ele com Turch lhe davam aquela droga para deixá-la adoentada e os médicos que a examinaram não descobriam o que você tinha. O conde é estranho, some por dias e ninguém sabe onde ele está. Acho que somente Turch sabe. Se você morresse, ninguém desconfiaria dele. O conde é terrível, escutei o que ele lhe disse, você lembra?

– Lembro de tudo o que ele disse, foram coisas terríveis – disse Sacha. – É difícil acreditar que ele fez essa maldade comigo. Casei apaixonada e ele parecia me amar muito. No começo fui feliz, depois ele me traiu com a moça que ia ser babá do meu filho. Ela também ficou grávida, me disseram que morreu após o parto. Meu marido sumia mesmo e por dias eu não o via, não me dava satisfação. Eu não sabia onde ele estava nem o que fazia e esses sumiços foram ficando mais freqüentes e demorados. Meu filho nasceu, distraí-me cuidando dele, o conde brincava com o menino, mas me ignorava. Senti-me infeliz e exigi dele mais atenção. Discutimos, eu escrevi queixando-me para titio e meu marido me ordenou que não fizesse mais queixas. O outro filho dele com a babá foi para o castelo e está sendo criado com o meu. Quando resolvi voltar para o lar do meu tio e separar-me do meu marido, fiquei doente. O conde ficou atencioso, trouxe médicos para me examinar. Vocês vieram, me senti tranqüila. Quando foram embora, piorei, fiquei inerte, não conseguia mais falar e andar.

Sacha falou devagar, parando muitas vezes. As duas, a abadessa e a ama, escutavam atentas.

– Existe algo estranho em tudo isso! – exclamou a abadessa. – Conheci Turch e ela já era moça e eu menina.

– O quê? Turch era moça e a senhora menina? – perguntou Gertrudes estranhando.

– Este é o primeiro fato estranho – respondeu a abadessa.

Turch aparentava ser mais jovem que a abadessa. A freira falou:

– Muita gente por aqui acha que Turch é feiticeira, uma bruxa. Mas não existem provas, por isso nunca foi denunciada. Por hoje, não vamos mais falar sobre isso, quero que Sacha esqueça esses fatos ruins. Você, Gertrudes, ficará aqui por alguns dias. Quando as buscas forem suspensas, você voltará para sua casa e contará tudo ao tio de Sacha. Ela ficará aqui para se recuperar, não é prudente que viajem agora.

Sacha adormeceu tranqüila. A abadessa e Gertrudes cuidavam dela e, nos dois dias que se seguiram, fizeram-na andar, fazer exercícios e forçavam-na a se alimentar. Ela, assim, foi se recuperando.

2

O alquimista

No castelo, quando Turch com uma empregada foram aos aposentos de Sacha e não a encontraram ficaram apavoradas.

– Não é possível ela ter saído da cama! – exclamou Turch. – A condessa deve estar escondida no quarto.

Procuraram-na.

– Aqui ela não está! – afirmou a empregada.

– De fato, Sacha não está aqui. Vamos procurá-la pelos outros cômodos desta ala. Talvez tenha ido ver o filho.

Uma hora depois, as duas já haviam vasculhado a ala dos quartos. Turch chamou outros servos e ordenou que a procurassem por todo o castelo. Como não a acharam, Turch foi ao laboratório do conde. Depois de ter batido muitas vezes, o conde abriu, saiu e encostou a porta, porque Turch esforçava-se para olhar dentro.

– Que aconteceu? Por que veio me perturbar? – perguntou o conde.

Somente ela, além do conde, sabia daquele local, da passagem secreta situada na sala em que ninguém entrava. A ordem era que ela só o incomodasse se acontecesse algo grave e Turch era obediente.

– Sua esposa sumiu – respondeu Turch falando rápido.

– Como sumiu? Sacha, como está, não consegue ir a lugar nenhum. Você veio me chamar por uma bobagem, eu...

– Nós já a procuramos – interrompeu Turch. – Eu a procurei! Os empregados e eu revistamos o castelo e não a encontramos. Precisamos de você para fazer alguma coisa.

– Você tem dado a droga para ela? – perguntou ele.

– Tenho, eu mesma tenho feito isso.

– Vamos aos aposentos de Sacha.

Trancou a porta e saíram. Chegaram aos aposentos dela e o conde olhou tudo.

– Aqui estão as sanguessugas – explicou Turch –, aqui a roupa de dormir que usava, trocou a camisola por um vestido simples e quente.

– Chame a empregada que dormia com ela – pediu o conde.

– Ninguém dormia com a condessa – respondeu sua antiga ama.

– Como não?!

– Temos poucos empregados no castelo como você ordenou, não disponho de ninguém para ficar o tempo todo com ela. Como a condessa estava inerte, achei que não precisava de ninguém aqui. Eu vinha cuidar dela com uma empregada quatro vezes ao dia, nós a limpávamos e eu lhe dava alimentos e a água.

– Como ela conseguiu sair? Não é possível! – exclamou o conde.

– Não sei! – lamentou Turch.

– Procurem-na de novo – ordenou o conde.

– Será que ela não se afogou? Talvez quisesse morrer – opinou Turch.

– Seria muito bom se isso acontecesse. No papel de marido preocupado, devo chamar o médico.

Turch deu ordem para continuarem a procurá-la e que dois empregados vasculhassem o fosso em volta do castelo e o pequeno lago. O conde foi até a estrebaria e perguntou ao empregado:

– Não falta nenhum animal? Você tem certeza?

– Sim, senhor, todos os animais estão aqui, pode conferir.

O conde o fez. Realmente não faltava nenhum. Suspirou aliviado. A condessa deveria estar escondida em algum canto do castelo. Deu ordem ao empregado para ir buscar o médico. Aborrecido com esse contratempo, foi brincar com os filhos enquanto todos procuravam a condessa por todos os lugares. À tarde, o médico chegou e o conde, fingindo-se preocupado, informou:

– Doutor, minha esposa desapareceu. Aproveitando que a empregada que lhe fazia companhia saiu do quarto por alguns minutos, ela levantou-se, trocou de roupa e sumiu. Procuramos por ela desde então e não a encontramos. O senhor pode nos ajudar dizendo o que devemos fazer.

– Nem eu nem os outros dois colegas – respondeu o médico –, que temos cuidado da condessa, não encontramos nela nenhuma doença física. Sua esposa, como já lhe expliquei, sofre de uma enfermidade mental. Tudo é pela sua mente doentia, ela não se mexia, não queria falar. Acho, senhor conde, que sua esposa deve ter se suicidado. Levantou-se escondido para se matar.

– Meu Deus! – exclamou o conde fingindo estar desesperado.

– Sinto muito – lamentou o médico. – Quando cheguei, vi um empregado vasculhando o lago com uma vara, acredito que ele a encontrará. Tomara que ela não tenha ficado presa no fundo e que seu corpo venha à tona.

– Estou desolado! O senhor não me faria o favor de escrever uma carta ao tio dela informando-o? Acho que não consigo. Amo muito minha esposa e vou continuar procurando-a. Que doença triste!

– Sinto pelo senhor, jovem e casado com uma mulher doente. Vou escrever ao tio dela contando o que ocorria com a sobrinha e que ela se matou.

Logo que o médico escreveu, o conde mandou um empregado levar a carta, falou a uns três empregados a opinião do médico e estes comentaram com os outros. À noite, todos pela região souberam e ficaram com pena do conde. A notícia chegou ao convento no outro dia pela manhã, a abadessa respondeu ao empregado do conde que iam orar pela alma da condessa. Contou a Gertrudes e assim que Sacha acordou, a freira a levou para o seu quarto.

– É melhor vocês duas ficarem aqui. No meu aposento guardo muitos objetos preciosos e imagens de santos. Esta cadeira pertenceu à nossa fundadora, que foi uma mulher exemplar e este rosário foi de um padre honesto e muito bondoso. Estas imagens são todas bentas.

Sacha gostou do ambiente, que era muito simples e tinha algo ali que transmitia paz.

– Tenho receio de que o conde queira saber onde você está, Sacha, e venha até aqui. Seu marido e Turch são pessoas de índole má. Neste quarto você estará protegida.

À tarde, a abadessa trouxe um cordão com um medalhão e o colocou no pescoço de Sacha.

– Dentro do medalhão há uma hóstia consagrada que a protegerá de todos os males.[1]

Sacha se sentia melhor, falava, andava e alimentava-se sozinha, mas ainda estava muito fraca, de uma fraqueza que doía. À noite oraram e a abadessa, que foi ficar com elas, ficou atenta.

O conde, depois de três dias de procura, ordenou que parassem com as buscas, deu a esposa por morta e passou a agir como

1. Os objetos podem impregnar-se das vibrações de seus possuidores, boas ou más. Para saber mais, leia *Reflexos do passado* (São Paulo: Petit Editora), romance do Espírito Antônio Carlos, psicografia de Vera Lúcia Marinzeck de Carvalho, e *Enigmas da psicometria* (Rio de Janeiro: FEB), de Ernesto Bozzano. (Nota do Editor)

viúvo. O sacerdote da cidade próxima foi celebrar uma missa na capela para a alma da condessa que, por estar muito doente, se matara em algum lugar. O padre chegou com algumas pessoas e muitos dos vizinhos foram dar as condolências ao conde.

– Turch – disse o conde depois que todos foram embora –, estou estranhando muito esse sumiço de minha esposa. Não sei como ela conseguiu se levantar. Vamos ao aposento dela, vou pegar suas roupas, as últimas que ela usou e tentar saber onde está.

Turch acompanhou-o. O conde olhou a cama, pegou a camisola e concentrou-se.

– Não consigo vê-la! Isso é muito estranho! Não a sinto nem viva nem morta. Que me aconselha?

– Acho que Sacha está morta – respondeu Turch. – Eu também não consigo vê-la. Sua alma não está por aqui. Se morreu, deve ter partido de imediato. Outra alma deve ter vindo ajudá-la. Você sabe como ir até ela?

– Sei. Vou descansar um pouco, preciso dormir. Amanhã vou ler alguns apontamentos e me preparar, à noite farei o desdobramento e irei aonde ela está.

– Quer minha ajuda? – perguntou Turch.

– Por enquanto não – respondeu o conde. – Não estou preocupado, porque aquela droga deve ter danificado seu coração de tal forma que não será possível se recuperar, e Sacha, se estiver viva, morrerá logo.

Ele fez o que planejou: no outro dia, buscou nos seus escritos o que interessava no momento, leu com atenção e se preparou. À noite fez um estranho ritual.

E no convento, à noite, Sacha queixou-se à abadessa:

– Estou me sentindo mal! Estou escutando o conde me chamar.

A abadessa pediu que Sacha sentasse na cadeira, deixou à vista o medalhão com a hóstia, deu-lhe o rosário para que segurasse, jogou nela água benta, ajoelhou-se ao seu lado e segurou um crucifixo.

– Vamos orar! – pediu a abadessa.

Sacha tremia, Gertrudes, apavorada, ajoelhou-se ao seu lado. Começaram a orar. De repente, um vulto entrou no quarto, a condessa não conseguiu ver direito, mas a abadessa com certeza viu e disse em tom firme:

– Vá embora daqui, alma maldosa! Deixe-a em paz! – Encostou o crucifixo na mão do vulto, que deu um grito e sumiu.

A abadessa levantou-se e foi socorrer Sacha, que estava para desfalecer, e deu-lhe um chá quente de ervas.

– Tudo bem, minha querida? – perguntou a freira.

– Vi o conde, abadessa, ele me achou – respondeu Sacha.

– Não, meu bem – afirmou a abadessa –, ele somente a viu, não a achou, não teve tempo de saber onde está. Agora vou ajudá-la a se deitar e irá dormir. Esta noite ele não tentará mais nada.

Em desdobramento espiritual, consciente, o conde deixou o corpo físico acomodado numa poltrona e foi em busca da esposa. Por meio da vontade, e acreditando nas estranhas formas recitadas e no ritual que fez, ele foi muito rápido até ela. A abadessa tinha razão: ele não teve tempo de saber onde

Sacha estava. O crucifixo queimou de fato sua mão perispiritual. O conde não esperava aquela defesa ou que a esposa estivesse com alguém capaz de protegê-la. Ele se assustou e voltou imediatamente para o corpo físico.

Sentiu que sua mão doía terrivelmente. Parecia que nada havia sofrido, seu corpo estava normal, mas sentia dores na mão onde havia sido tocado pelo crucifixo durante o desdobramento espiritual.

– Que está acontecendo? – o conde resmungou. – Será que Sacha morreu e eu fui até uma das casas no Além que abrigam mortos e eles me atacaram? Se for isso, ela foi recolhida pelos que trabalham fazendo o bem. Preciso pensar!

O conde sentou-se numa poltrona, ficou pensando no que aconteceu, se fez algo indevido para não ter dado certo e acabou por adormecer.

O corpo físico adoece, tem dores por diversos motivos, como invasões de vírus, bactérias, ferimentos, mas também sofre pelo reflexo do perispírito, esse corpo semimaterial que sobrevive à morte do físico e que, por erros e culpas, adoece. O perispírito é ainda uma veste que o espírito usa. Se ele está desarmonizado, isso se reflete no corpo carnal como dores e doenças. Mesmo tendo o perispírito sadio, o corpo físico pode adoecer, ser ferido, pelo simples fato de estar encarnado no planeta Terra, que é classificado como de provas e expiações. Acontecem acidentes e há doenças simplesmente por estarmos revestidos do corpo físico. O conde se sentiu ferido. Objetos e lugares podem estar rodeados por energias que lhe foram emitidas que podem ficar concentradas por muito tempo. Energias benéficas ou maléficas irradiam-se beneficiando ou prejudicando principalmente as pessoas mais sensíveis.

Temos informações de histórias fantasmagóricas de que entidades do mal temem objetos sagrados e que esses as queimam. Se acreditarem nesse fato, isso acontece. A energia benéfica, porém, principalmente se tiver forte potência, pode confrontar a energia perispiritual de um ser encarnado ou desencarnado, prejudicando-o ou beneficiando-o. Tomemos por exemplo imagens – santos, Jesus, Maria – junto às quais muitas pessoas oram com fervor: ficam nelas energias que muitos recebem como graça; de fato, é graça. Objetos que pertenceram a pessoas bondosas e de que elas gostavam, irradiam luzes benfazejas. Objetos de tortura transmitem sensações de dor e tristeza.

O conde saiu consciente do corpo físico, pois era algo que ele sabia fazer e, pelos objetos de Sacha, a encontrou. Não deu tempo para reconhecer o local porque foi atacado de surpresa pela abadessa. Se ele tinha conhecimentos, a freira também. O conde era egoísta e usava-os somente para ele, enquanto que a abadessa para ajudar. A freira tinha em seu poder aquela cruz que pertencera a um homem justo e bom. Precaveu-se, colocando no pescoço de Sacha uma hóstia consagrada que irradiava luz, a qual momentaneamente cegava desencarnados ou encarnados afastados do corpo físico, como fez o conde, e que não estão acostumados com a claridade. Protegeu-a também com seu terço que, por muitas horas, foi veículo de orações fervorosas.

Quando a abadessa viu o marido de sua protegida, aproximou a cruz da mão dele. A energia benéfica do objeto queimou a negativa, e o conde sentiu sua mão queimar e arder, o que o fez voltar rápido para o corpo físico. Ele continuou a sentir dor, primeiro porque sabia que esse fato é possível – principalmente no caso de um estudioso como ele, que tinha consciência de que agia errado – e a culpa o fez ver e sentir a mão do seu perispírito queimada. Energia é um assunto vasto, que tem ainda muito a ser pesquisado e aprendido. Jesus irradiava uma energia tão forte e benéfica que Lucas descreve no seu Evangelho[2] que uma mulher que padecia de fluxo de sangue tocou a orla de sua veste e foi curada. Jesus disse: "Quem é que me tocou? Porque eu conheci que de mim saía uma virtude". Essa virtude é a energia. Quando nos tornamos receptivos, a recebemos.

O conde ficou inquieto e pensou aflito: "Onde será que Sacha está? Estará morta? Acho que fui imprudente! Sacha, inocente, deve estar protegida por espíritos superiores. Um deles me repeliu com uma energia poderosa. Devo refletir muito bem no que vou fazer". Concluiu: "Se é perigoso eu ir aonde ela está, devo chamá-la ao castelo".

O conde, desde pequeno, se interessou pela alquimia e teve os primeiros conhecimentos com Turch, que aprendera com sua avó. Viajou por diversos países, conheceu alguns sábios, adquiriu muitos livros, foi quando gastou muito dinheiro. Ele não se considerava um feiticeiro ou bruxo, mas sim um estudioso,

2. Lucas, 8: 40-44. (N.E.)

pesquisador, um alquimista. Não gostava do domínio da Igreja, que, na sua opinião, perseguia a ciência. No entanto, temia-a, por isso fazia de tudo para estar de bem com o clero e escondia suas atividades. Achava que tudo que fazia, principalmente ver e conversar com pessoas que morreram, seria natural no futuro, quando a Terra estivesse mais civilizada.

Seu laboratório, a sala que seu pai lhe mostrara, ficava num local bem escondido do castelo. Era um lugar amplo. Possuía uma saída que, atravessando um túnel, dava na floresta. O pai do conde fez aquele local para que, em caso de perigo, a família, os castelães pudessem se esconder ou fugir. Quando o pai lhe mostrou o aposento, ele estava mobiliado com camas, sofás, baú com alimentos, tina com água e roupas quentes. Ao herdar o castelo, o conde fez daquele esconderijo seu gabinete de estudo. Para chegar ao seu laboratório, tirava três livros de uma prateleira, puxava uma pequena alavanca e uma parte da estante se abria, dando para um pequeno *hall*; daí passava por uma porta reforçada da qual somente ele possuía a chave.

E ele se preparou novamente para encontrar Sacha: riscou o chão, colocou roupas da esposa e outros pertences dela no centro do desenho, tomou chás de ervas e colocou outras para queimar e assim que anoiteceu começou a repetir frases em ritmo cadenciado. Meia hora se passou; de repente, um vulto se formou. Não era Sacha, mas a ex-babá, mãe de seu outro filho.

– *Conde malvado! Que queres?* – perguntou o espírito.

– Não chamei você! Retorna para onde estava e ordeno que não volte mais aqui! – exclamou o conde autoritário.

– *O senhor me matou!* – resmungou o espírito da ex-babá.

– Não! Você que se suicidou! – afirmou o conde.

– *Minha morte não foi considerada suicídio. O senhor que me induziu. Sei de tudo! Fez-me tomar drogas sem que eu soubesse o que era. Turch as dava cumprindo suas ordens. Enlouqueci e pulei no lago. Revoltei-me, mas, depois, vendo que cuidava do nosso filho, fui embora com minha santa mãe.*

– E o que veio fazer aqui? – perguntou o conde. – Não a chamei.

– *Um senhor, um espírito bondoso, me trouxe e me pediu que lhe desse um recado: deixe a condessa em paz! Quando eu estava no corpo de carne, não gostava dela, eu a invejava, depois entendi que ela sofria mais do que eu, era vítima e agora gosto dela. Aproveitando que estou aqui, advirto-o: cuide bem do meu filho!*

– Vá embora daqui!

O conde gritou e jogou umas ervas nela, que gargalhou e sumiu.

"Que deu errado? Fiz tudo certo!", pensou.

Resolveu parar, verificar o que fizera. Preparou tudo de novo e resolveu fazer outra invocação na noite seguinte.

No convento, nessa tarde, Sacha estava inquieta.

– Sinto que o conde vai me chamar e que me fará ir até ele – disse ela à abadessa.

– Com certeza, seu marido fará algo à noite. Achando perigoso retornar aqui, vir até você, invocará para que vá até ele. O conde acha que você está morta, que vive agora como espírito. Vamos tomar algumas providências.

Depois de anoitecer, a abadessa amarrou Sacha à cadeira que pertenceu à fundadora de sua ordem, deixou em evidência o cordão com a hóstia, colocou em suas mãos o terço e salpicou Sacha com água benta. Abriu a *Bíblia* nos "Salmos" e pôs-se a recitá-los. Sacha começou a tremer, a suar e repetia:

– Não vou! Não vou!

De repente, tudo se aquietou. A abadessa desamarrou-a e perguntou:

– Sacha, que foi que sentiu? Que se passou com você?

– Não sei, o conde me chamava e eu lutei para não sair e ir me afogar em algum lago.

– Já passou, querida – disse a freira carinhosamente. – Tome este chá e vá dormir. Com certeza, o conde não vai fazer mais nada esta noite. Durma que ficarei vigiando.

Por algumas horas a abadessa a vigiou, depois foi dormir e Gertrudes ficou acordada, atenta. Tudo ficou tranqüilo.

À tarde, quando Sacha disse sentir que o conde iria chamá-la à noite, a abadessa pediu em oração fervorosa auxílio a um espírito, o antigo proprietário do crucifixo, que veio atendê-la. Ele que pediu que a ex-babá desse o recado ao conde, levou-a até o castelo e depois retornou com ela a um posto de socorro onde se abrigava e voltou para o convento com a abadessa.

Novamente, na outra noite, o conde se preparou e começou a sessão de invocação. Depois de tudo que deveria fazer, o conde pôs-se a chamar Sacha. Depois de meia hora, apareceu no círculo marcado no chão, ao lado do conde, o espírito de um senhor que falou tranqüilamente:

– Conde, você não atendeu ao pedido que lhe fiz pelo recado de ontem. Agora ordeno: deixe Sacha em paz!

O conde assustou-se; a luz que o espírito irradiava turvou-lhe a visão, ele esbarrou num tripé no qual as ervas queimavam, e caiu em cima dos objetos pertencentes à Sacha incendiando-os.

– Vá daqui, espírito adversário! – exclamou o conde.

– *Vim aqui somente para aconselhá-lo* – falou o espírito. – *Volte para o bem! Terá as conseqüências de seus atos, repare-os! Sacha está sob a nossa proteção. Esqueça-a!*

O fogo se alastrou e o espírito desapareceu. O conde pegou sua capa e abafou as chamas, porém queimou as mãos e os braços. Com o fogo apagado, o conde colocou alguns objetos no lugar.

– Maldito! Por que não fica no seu lugar? Chamei Sacha e não você!

Depois de verificar se tudo estava em ordem e se não havia mais perigo de ocorrer novamente um incêndio, saiu do seu laboratório, atravessou corredores e foi ao aposento de Turch. Bateu à sua porta e vendo que estava destrancada, entrou sem esperar resposta. Turch acordou assustada e perguntou preocupada:

– O que aconteceu?

– Um incidente desagradável! – respondeu o conde. – Houve um pequeno incêndio no meu laboratório e me queimei ao apagá-lo. Preciso que me faça um curativo.

Enquanto ele falava, Turch colocou um roupão, abriu um baú, pegou uns potes e colocou-os numa bandeja.

– Vamos para o seu aposento – pediu ela.

Turch acordou duas empregadas que dormiam em quartos da mesma ala que ela e ordenou que esquentassem água para o banho do conde. Acompanhou-o até o seu quarto, pediu que se sentasse numa poltrona; pegou na bandeja que colocou em cima de uma mesinha um pote e pingou umas gotas n'água e deu a ele para tomar.

– Isso tirará suas dores.

O conde bebeu e Turch arrumou a cama para que ele descansasse após o banho e separou roupas para que se trocasse. Minutos depois, as duas empregadas vieram com a água quente e colocaram na tina.

– Agora saiam – ordenou Turch. – Vão para a cozinha e tragam aquecido o caldo que sobrou do jantar. Deixem a cozinha em ordem e depois podem voltar a dormir.

Assim que elas saíram, Turch ajudou o conde a tirar suas roupas, que estavam queimadas em vários lugares, e ele entrou na tina. Turch colocou na água umas gotas de tom vermelho forte que coloriu a água.

– Já me sinto melhor – disse o conde.

– Você não deve mais procurar por Sacha. Foi isso que fez, não é?

– Você me conhece bem! Foi isso sim. Invoquei-a e veio em seu lugar um espírito luminoso, que me ameaçou. Assustei-me, esbarrei no tripé com ervas que queimavam e ele caiu em cima dos objetos de Sacha. Ao apagar o fogo, me queimei.

– Se a condessa está protegida, é melhor esquecê-la – aconselhou Turch.

– Vou esquecê-la! Amanhã você pegue tudo o que era dela, separe somente os objetos de valor e as jóias e as guarde. O resto distribua entre as empregadas.

Turch lavou bem os ferimentos dele, ajudou-o a se secar e depois fez curativos. As empregadas colocaram o caldo na mesinha e ela o fez tomar.

– Agora vou lhe dar esta droga que o fará dormir sem dores. Vou ficar aqui; dormirei na poltrona. Se precisar de mim, estarei por perto.

– Obrigado, você está sempre ao meu lado quando preciso.

Turch sorriu contente. Receber um carinho dele era uma alegria. O conde decidiu esquecer Sacha e dormiu. Dias depois ele estava bem, mandou celebrar missas para a alma de Sacha. Voltou ao trabalho. O inverno daquele ano foi muito rigoroso. Havia muito tempo não fazia tanto frio, a neve estava alta. E, numa tarde, o filho de Sacha caiu da escada e desencarnou. O conde sentiu muito.

– Turch, morreu meu filho legítimo, mas para todos será o órfão, amiguinho dele que faleceu. Não tem nem como chamar o padre, vamos enterrá-lo na capela como se fosse o outro. Afinal, ambos são meus filhos.

– O que faremos com os empregados? – perguntou Turch.

– Quem mais conhece as crianças são as duas babás. Vamos dar a todos os empregados aquela droga para ficarem um pouco confusos. Coloque-a na água do pote da cozinha, que eles tomam, e dê um pouco mais para as babás.

E assim foi feito. Não tinha como avisar ninguém nem por que comunicar o falecimento do filho da empregada. Com a droga, os empregados ficaram esquecidos e sonolentos. Depois de dez dias o tempo melhorou: sem nuvens, o sol brilhou e não fazia tanto frio. Num descuido das babás, que estavam se sentindo cansadas e esquecidas, a outra criança foi sozinha brincar no jardim, andou pelo lago congelado, caiu numa fresta e morreu congelada. O conde teve de avisar os vizinhos, que foram lhe dar os pêsames e também o padre que foi para o funeral. Ele se abateu, pois em pouco tempo perdeu os dois filhos, mas entendeu que o motivo de as babás terem se descuidado do menino foi a droga que lhes dera. Mas não quis sentir culpa nem remorso; pagou as duas empregadas e as dispensou. Isolou-se e dedicou-se ao seu trabalho.

Enquanto isso, Sacha ficou no convento. Depois daquela noite em que ficou desesperada, não sentiu mais o conde chamá-la. Gertrudes, depois de um mês, voltou para casa para avisar o tio de Sacha, que foi vê-la somente na primavera, pois estava difícil viajar com aquele inverno rigoroso.

Mas no dia em que o filho de Sacha desencarnou, ela o viu sorrindo. Ele lhe deu um abraço, depois um adeus com a mãozinha e desapareceu. Ela falou comovida para a abadessa:

– Meu filho morreu, veio se despedir de mim. Acho que é preferível a ser criado por aquele homem ruim, que é o pai dele.

Quando o tio foi visitá-la, conversaram muito. Ele ficou horrorizado com a narrativa da sobrinha, de saber tudo o que ela sofreu. Contou a ela do falecimento das duas crianças.

– Todos a julgam morta, até missas foram celebradas por sua alma. Que vamos fazer?

– Nada, titio – respondeu Sacha. – É melhor deixar que todos pensem que morri. O que podemos fazer? O conde é poderoso e muito mau. Se descobrir que estou viva, como marido, me obrigará a voltar ao seu castelo. Que irei fazer lá? Meu filho já faleceu. Depois, envolveremos muitas pessoas: o empregado que nos ajudou com certeza será enforcado; Gertrudes será presa e poderão investigar a abadessa, que veio para este convento isolado como punição por compreender as pessoas e saber combater o mal. Se o conde denunciá-la, os inquisidores a prenderão e com certeza será morta. Meu marido foi esperto, chamou três médicos conceituados para me examinar e eles afirmaram que eu estava doente, uma enfermidade mental. É melhor o senhor, titio, agir como se eu tivesse morrido. Com certeza, isso acontecerá logo. Meu coração está falhando muito, estou sempre cansada e não consigo respirar normalmente.

O tio achou sensato e partiu deixando Sacha no convento. Ali ela aprendeu com a abadessa a orar com fervor, a perdoar e sentiu-se em paz. Três anos depois, tranqüila, ela desencarnou e foi enterrada no convento. Foi socorrida, encontrou-se com o filhinho e não quis nem saber do conde.

Quando reencarnou, o fez longe dele; perdoou-o, mas não quis mais ter vínculos com aquele ser que tanto a fez sofrer.

Embora o conde tenha sentido a falta dos filhos, não se sentiu sozinho, pois estava acostumado a ficar só. Ele foi criado pelos empregados, principalmente por Turch. A mãe estava sempre doente e o pai não lhe dava atenção. Interessou-se pelos conhecimentos de sua ama ainda menino.

– Para que está me dando isso, Turch? – perguntou ele um dia à sua ama, que o acostumara com a alimentação vegetariana, à base de grãos, a mastigar muito os alimentos e a tomar chás de ervas com gotas de uma droga que ela preparava.

– Para você ficar sempre forte – explicou ela.

– Por que não dá para a mamãe? Ela está sempre doente.

– A sua mãe não gosta dos meus remédios – respondeu Turch. – Ela é uma mulher fraca. O importante é você ficar forte.

O conde cresceu, a mãe morreu, o pai também, ele herdou muitos bens e pediu para Turch cuidar do castelo, administrá-lo.

– Cuidado, conde – recomendava sempre ela –, tudo isso que aprende comigo é perigoso. A Igreja não entende que é ciência, poderão nos perseguir.

– Tomarei cuidado, Turch. Você conhece a sala da fuga, não é? Vou fazer daquele lugar o meu laboratório e você me ensinará tudo que sabe. Quero me libertar!

– Como? Não entendi! Você não é preso! – exclamou Turch.

– Não me sinto liberto! – respondeu o conde. – Tenho de me alimentar, estou preso a este corpo. Tenho um sonho: ser livre! E é ampliando nossos conhecimentos que nos tornamos livres. Vou estudar!

O conde aprendeu tudo o que Turch sabia e viajou em busca de mais conhecimentos. Tornou-se um alquimista. Voltou, montou seu laboratório, do qual somente sua ama sabia, mas não a deixou entrar mais lá. Justificava-se dizendo:

– Lá, agora, Turch, tem muitos livros e você não sabe ler em outros idiomas.

Naquela época, todos temiam a Igreja, e os alquimistas por seus conhecimentos poderiam ser tachados de bruxos, condenados, torturados e mortos em fogueiras.

– Tudo o que faço, o que você, Turch, e os outros alquimistas fizeram é ciência e, no futuro, será matéria a ser estudada nas escolas – afirmava o conde. – Mas, agora, infelizmente, tenho de esconder minhas pesquisas.

Turch tomava seus preparados de ervas e continuou dando-os ao conde.

– Essas drogas revigorarão nosso corpo carnal e evitarão doenças – explicou ela. – Retardam a velhice. Com a dieta alimentar e os exercícios físicos, vou viver muitos anos ainda.

– Pena que não podemos mostrar a todos esse preparado – queixou-se o conde.

– Você sabe que não é fácil fazê-lo e nem todos querem ter uma dieta saudável. O prazer de comer é um vício forte para a maioria das pessoas e é difícil privar-se das relações sexuais.

– Sou grato a você por ter me dado essa droga e por eu ser sadio. Poderei agora que estou sozinho, sem esposa e filhos, estudar bastante e vir a ser livre como sonho.

Anos se passaram, o conde não se sentiu livre como queria. Empregados eram sempre trocados e Turch não envelhecia, nem ele.

– Estou fazendo 80 anos – falou ela.

– Você tem mais idade, Turch! Não precisa mentir para mim. Estou com 78 anos.

– Vou fazer 100 anos – disse ela rindo.

– Turch, por que você sempre se dedicou a mim? Foi somente por ter sido minha babá? – o conde quis saber.

– Acho melhor você saber de tudo. Quando vim trabalhar no castelo, sua mãe não conseguia engravidar. Dei chás para ela, que engravidou, mas eu também fiquei grávida porque fui amante de seu pai, e o filho que eu esperava era dele. Íamos ter as crianças na mesma época. A condessa teve a criança antes do tempo e nasceu morta. A pedido do seu pai, sedei-a, tive você e o conde falou para a condessa e a todos que você era filho dela. Eu o amamentei e cuidei de você. Sou sua mãe!

O conde não gostou de saber, mas não demonstrou. Sempre achou que Turch o defendia muito e agora entendeu o porquê. Continuaram agindo como de costume. Mais alguns anos se passaram.

– Conde, estou lhe comunicando que não vou mais tomar a droga – falou Turch.

– Por quê? – perguntou ele curioso.

– Estou cansada, já vivi muito. Quer que eu deixe a droga pronta para você?

– Não, eu sei fazê-la. Vou sentir sua falta.

Sem a droga e os exercícios, Turch envelheceu rápido, ficou acamada e oito meses depois desencarnou.

O conde ia vê-la muitas vezes por dia para verificar se as empregadas estavam cuidando bem dela e quando ela partiu sentiu-se muito sozinho.

"Todas as satisfações que procurei não me contentaram", pensou. "Não me sinto livre, estou solitário e infeliz."

Resolveu, meses depois, parar também de tomar a droga e não fazer mais os exercícios.

"Sinto-me cansado e preso a muitas coisas! Acho que, se meu corpo físico morrer, viverei em espírito e serei livre. Quero morrer!"

Aguardou a desencarnação com ansiedade. Vivia sozinho desde que Turch morreu, tinha poucos empregados. Fez seu testamento deixando tudo para uns primos distantes. Desfez-se de seu laboratório, queimou muitas coisas, livros e papéis com suas anotações. Envelheceu rapidamente.

O inverno chegou. O conde sentiu-se cansado, pela primeira vez se resfriou e ficou acamado por uma semana. Quando se sentiu melhor, levantou-se e resolveu sair para um passeio. O dia, embora frio, estava ensolarado. Dispensou o empregado e saiu sozinho numa carruagem pequena. Subiu o morro, sentiu-se mal, deixou a rédea solta e acomodou-se no banco.

"O cavalo me levará de volta ao castelo", pensou.

Mas na descida o animal se assustou com outra carruagem, disparou e o conde foi arremessado para fora. Caiu, rolou num barranco, bateu com a cabeça numa pedra e desencarnou. Foi uma mudança de plano confusa. Turch tentou ajudá-lo, desligando o espírito dele da matéria física, levando-o para o umbral onde morava. Dois meses depois, sentindo-se melhor, Turch explicou o que havia acontecido, o local em que ele estava e como era viver naquele lugar, na zona inferior. Dias depois, o chefe daquela cidade umbralina o recebeu e ordenou:

– *Você vai trabalhar para mim. Tenho aqui um laboratório e você me será útil com seus conhecimentos.*

O conde encantou-se com o laboratório e gostou dos seus companheiros de trabalho.

– *Agora posso ser livre!* – exclamou.

Os companheiros riram e um deles explicou:

– *Ser livre?! Depende do que você entende por liberdade. Ai de nós se não fizermos o que o chefe quer. Aqui existem prisões terríveis!*

O conde passou a trabalhar com entusiasmo. Encontrava-se sempre com Turch e queixava-se de que as pesquisas não davam certo.

– *Por que será, Turch, que não dão certo? Não conseguimos, por mais que trabalhemos, fazer com que os resultados sejam satisfatórios.*

– *Conde, acho que tudo neste planeta, no universo, obedece a uma lei maior, a de Deus. Somente se encontram soluções com a permissão Dele.*

– *Você falando em Deus?* – indagou-lhe o conde admirado.

– *Sempre acreditei Nele, porém não da maneira que as religiões, ou a religião que conheci, pregam. Deus não é uma pessoa, um velho. Nós, que aqui estamos, afastamo-nos Dele porque não seguimos suas leis.*

– Se são leis, não era para Ele nos fazer cumprir? – perguntou o conde.

– Deus, ao nos criar, nos deu o livre-arbítrio e...

– Que não é a liberdade que eu procuro – interrompeu ele. *– Nosso livre-arbítrio é limitado ao do outro. Os homens fizeram leis para conter excessos e estão certos, em minha opinião, embora haja abusos. Se alguém resolvesse assassinar muitas pessoas, abusaria do seu livre-arbítrio e teria de ser contido por invadir o espaço do outro. A liberdade que eu quero é outra, não entendo bem o que seja ou o que devo fazer para desfrutar dela, mas eu a quero!* – Suavizando o tom, ele aconselhou:

– Turch, é melhor você não expor assim seus pensamentos, opiniões, poderá ser castigada.

– Falo somente a você. Estou infeliz, conde, sou infeliz. Tive um corpo sadio em que o envelhecimento foi retardado, vivi muito e isso não me deu tranqüilidade. Morri e por afinidade vim para cá, onde me tratam bem, mas cansei, acho que somos infelizes longe do nosso Criador.

– O que você vai fazer? – perguntou o conde preocupado com ela.

– Vou pedir para me ausentar e, aí, pedirei ajuda aos espíritos bons.

– Lá sim é que será infeliz! Será escrava!

– Não sei se isso que nos dizem é verdade – falou Turch. *– Pelas minhas observações, os bons não escravizam, somente os maus fazem isso. E ultimamente tenho pensado em ser escrava.*

Ficaram em silêncio por um momento e ela falou emocionada:

– *Vou me despedir de você meu filho, porque assim que for possível fugirei deste lugar. Eu o amei, amo-o muito.*

Abraçaram-se e ela se afastou.

Turch conseguiu fugir, houve somente alguns comentários sobre sua deserção, disseram que ela iria sofrer muito entre os bons. O conde sentiu a falta dela. Pensou muito no que ela dissera na sua despedida e começou a se arrepender. Já não gostava mais de viver ali e se entristeceu, teve vontade de se modificar e planejou também sair dali.

Um dia, passando por perto de uma fortaleza dos bons, esforçou-se para conter o medo e pediu ajuda, abrigo. Viu, então, outra forma de viver desencarnado, encontrava-se com Turch e conversavam sempre. E, numa dessas conversas, ela lhe disse:

– *Dei muitas desculpas para minhas atitudes que não eram justificadas. O remorso das ações maldosas que fiz me faz sofrer.*

– *Desculpas? Como assim?* – perguntou o conde.

– *Nasci nos arredores do castelo, aprendi muitas coisas com minha avó e prometi usar esses conhecimentos somente para ajudar. Mocinha, fui trabalhar no campo para ajudar no sustento da família. Invejava as empregadas do castelo e quis trabalhar lá. O serviço era mais leve, não tomava sol nem chuva. Para conseguir, fiz com que uma moça quebrasse a perna para ficar no seu lugar. Desculpei-me, pois eu achava que merecia mais do que ela.*

"No castelo, tentei fazer meu serviço da melhor maneira possível, mas quis ser dama de companhia da senhora do castelo. Ela

não conseguia engravidar, então, aproveitando um dia que fiquei a sós com ela, ofereci meus chás. Dois meses depois, a senhora engravidou mas abortou, e passei a ser sua dama de companhia. Seu pai se interessou por mim, resolvi tirar proveito, dei a ele uma poção para que se apaixonasse. Isentei-me de culpa novamente, pois ele era mulherengo e, se eu me tornasse amante dele, ajudaria minha família. Ele ficou loucamente apaixonado e me deu muito dinheiro que dei a meus familiares para irem embora dali. Meu pai comprou um pequeno sítio bem longe e partiram.

A senhora ficou grávida novamente e eu por opção fiquei também. O filho dela morreu – dessa vez não interferi – e dei você a ela, seu pai e eu trocamos a criança e ela não soube. Novamente me desculpei: você, meu filho, seria o herdeiro, era justo. Formavam um casal estranho os donos do castelo: ela tinha saúde frágil e ele vivia para o prazer. Mesmo apaixonado por mim, tinha outras amantes. Concluí que seria somente uma amante e, se seu pai ficasse viúvo, nunca se casaria comigo. Então, dei a ele uma poção para que ficasse impotente. Eu não queria abusar do sexo, porque a droga da vitalidade não faria o efeito desejado. Seu pai ficou impotente.

A senhora começou a implicar comigo, ela tinha ciúmes de você gostar mais de mim. Eu ia ser despedida; apavorei-me, pois não queria sair do castelo, ficar longe de você. Assim, agravei a doença dela, que morreu meses depois. Temendo que seu pai casasse novamente e tivesse outros filhos, exagerei na poção da impotência e ele adoeceu. Atingi meus objetivos: ele não casou, não se envolveu com ninguém e você foi seu filho único. Facilitei sua vida em tudo. Ajudei-o a se desfazer da babá e de Sacha, que o incomodavam. Você tinha de ser feliz! E agora percebo que fiz outras pessoas sofrerem. Não há justificativas para mim."

Ficaram por instantes pensativos até que ele perguntou:

– *Por que há vítimas?*

– *Simples, porque há carrascos* – respondeu Turch. – *Meu filho, quando no corpo físico tanto você como eu sabíamos que nosso espírito voltaria a viver em outros corpos por muitas vezes. A nossa responsabilidade foi maior por termos tido esse conhecimento. Cometemos atos errados e recebemos o retorno deles. Infelizmente, por não perdoar, somos ora carrascos ora vítimas. Não quero mais fazer o papel de carrasco, por isso estou pensando em ser escrava, reencarnar nos países novos. Cativa, com certeza, não terei como fazer maldades. Vou pedir, implorar, para que na minha próxima encarnação eu venha como escrava. Nunca tinha visto um negro, vi agora no plano espiritual e os achei lindos. Quero ser uma negra! Desejo voltar ao corpo carnal com o propósito de não fazer mais o mal. Acho, meu filho, que nossas vítimas tiveram de passar por tudo aquilo – mas isso não justifica nossos atos. Agora eu quero aprender. Você deseja essa liberdade que nem sabe bem o que é; já eu quero me livrar do remorso, não ser mais maldosa nem ter de me desculpar mais.*

– *Desculpas? Não tinha pensado nisso, mas concordo com você. Nós nos desculpamos tanto nos simples atos como nas grandes atitudes. Eu também agi como você. Desculpei-me: agi errado por amor à ciência. Mas que fiz dos meus conhecimentos? Tirei proveito somente para mim. Por duas vezes quis parar e não tive coragem, achava que já tinha ido longe demais, que tudo estava estruturado e não tinha como reverter. Turch, se você reencarnar, vou me sentir muito sozinho.*

– Meu filho, tenho muito para aprender e reparar, não posso nem devo adiar minha volta à carne. Se tivermos de nos encontrar no plano físico novamente, o faremos, mas espero, se nos encontrarmos, que estejamos melhores, menos egoístas.

O conde aprendeu muitas coisas, passou a ser útil, mas continuou sentindo-se preso e infeliz. Foi conversar com um orientador e expôs o que sentia, suas dúvidas.

– Quero me libertar! Tenho pensado muito e me indagado: se não me sinto liberto, quem me escravizou? Com certeza, eu mesmo. Será então que eu mesmo tenho de achar um modo de me libertar? Não fui feliz tendo poder, fortuna, saúde, prazeres e conquistas. A felicidade, então, deve ser algo muito mais que isso. Achei que a morte do meu corpo físico me desse liberdade, mas concluí que a morte não pode dar o que a vida física não me deu, porque o que procuro não é dado, é conquistado. Não quero ficar nascendo e morrendo sem conseguir essa liberdade, quero me esforçar para entendê-la agora, no momento presente. O que devo fazer? Tem como eu ser livre? O senhor pode me ajudar?

O orientador, que o escutava atento, falou:

– Leia este texto do Evangelho.

Colocou o livro em suas mãos e saiu deixando o conde sozinho. A parte marcada era: o "Sermão da Montanha"[3]. Acomodou-se num banco do jardim, leu e releu. Quando

3. Evangelho de Mateus, 5, 6 e 7. (Nota da Autora Espiritual)

encarnado, havia escutado esses ensinamentos de Jesus e ao lê-los achou-os muito bonitos.

Dias depois o orientador voltou a conversar com ele.

– *E, então, gostou do que leu?*

– *Li, reli e confesso que não entendi o porquê de o senhor ter me pedido para lê-lo.*

– *Você leu. Meditou no que leu? Compreendeu?* – perguntou o orientador. – *Esses ensinamentos de Jesus, se seguidos, nos libertam. A verdade nos faz livres e o erro nos escraviza. Você esteve errado nas suas muitas formas de existências transitórias. Teve conhecimentos, mas se esqueceu do principal: nossa vida flui em muitos estágios, porém ela é única no sentido de que a nossa essência, nosso espírito, é permanente. Não é algo externo que o libertará. Uma pessoa pode estar numa prisão, ser escravo, mas sentir-se livre pelo espírito. Somente quando nos sentimos bem conosco mesmos é que seremos felizes. Quem realizar sua vida nesses ensinamentos proferidos por Jesus, que Mateus escreveu e intitulou de "Sermão da Montanha", com certeza absoluta vai se sentir completamente liberto.*

O conde voltou a ler e, desta vez, o fez de forma diferente, meditando em cada pedaço lido. Decorou muitos textos.

"*Agora*", concluiu, "*devo passar da teoria para a prática.*"

Turch foi despedir-se dele, pois seu pedido fora atendido, iria para o plano espiritual do Brasil, reencarnaria num corpo físico negro e seria escrava.

– *Turch, você está contente! Admiro-a! Provavelmente terá uma existência de dores!* – exclamou o conde.

– Que serão menores do que a dor que sinto agora. O remorso me corrói. Estou bem, meu filho, volto ao plano físico esperançosa. Quero pagar pelos meus erros e, quem sabe, repará-los com a dor do cativeiro.

Abraçaram-se e se desejaram, com sinceridade, bons êxitos.

O conde ficou muito pensativo.

"*Será que devo seguir os passos de Turch? Num corpo físico cativo talvez tivesse mais oportunidades de conseguir a liberdade que desejo.*"

E resolveu fazer o mesmo que ela. Pediu, justificou seu pedido explicando o porquê. Esperou ansioso pela permissão e, quando ela veio, foi trazido para o plano espiritual do Brasil. Não reencarnaria na mesma fazenda que Turch, mas perto.

"*Não importa*", pensou ele, "*se não nos encontrarmos enquanto estivermos no corpo físico, com certeza estaremos juntos em outra oportunidade. O importante mesmo é aproveitarmos bem a graça do retorno.*"

E reencarnou.

3

Na fazenda[4]

A carroça chacoalhava muito. Um feitor segurava as rédeas conduzindo os dois animais. Miguel estava sentado atrás com mais oito negros. Somente ele era criança, os outros companheiros de viagem eram jovens escravos que haviam sido comprados. Da fazenda em que antes morava, eram ele e mais três; os outros eram de outros lugares. Miguel estava com cinco anos, não compreendia o que estava acontecendo, o que era ser vendido.

Sua infância, como a de todos os que estavam naquela carroça, não era feliz. Lembrava que estava sempre com fome, via sempre os adultos chorarem e reclamarem de estarem

4. Narro a história como me expresso no momento. Diálogos entre escravos, da maneira como falavam, tornariam difícil sua leitura e entendimento. Alguns significados mudaram, e o que era peculiar não é mais, o tempo tudo modifica... (N.A.E.)

cansados. A senzala onde morava até aquela viagem era grande, com cheiro ruim e havia muitos castigos, sempre alguém estava machucado. Sua mãe tinha muitos filhos com um negro reprodutor e ela os tinha por ordem, por medo. O sinhô, o proprietário, tinha dúvida do que lhe rendia mais: reproduzir negros na fazenda ou comprá-los. Miguel era considerado por esse senhor uma cria e que logo iria trabalhar para compensá-lo da despesa que tivera para criá-lo.

Um senhor, dono da fazenda vizinha, precisava de escravos e fora comprá-los. O antigo senhor de Miguel lhe vendeu quatro, fazendo um favor ao vizinho.

As despedidas foram frias. A mãe de Miguel lhe deu um beijo na testa, o único carinho que lembrava ter recebido dela.

– Seja obediente, Miguelo! – aconselhou. – Se quiser viver mais e não apanhar, faça o que os brancos mandam.

Ele subiu na carroça, era a primeira vez que usava aquele transporte. Todos ali estavam tristes e ele ficou também, teve medo, quis chorar, mas as lágrimas recusaram-se a brotar nos olhos. Acabou se distraindo vendo a paisagem, que era muito bonita. A carroça parou por duas vezes e lhe deram água. Chegaram à tardinha. O feitor desamarrou os adultos e ordenou:

– Fiquem aqui neste pátio. – E gritou: – Joana! Ninha! Venha aqui, dê comida a estes negros famintos e depois arrume um lugar na senzala para que descansem. Cuide deles!

Uma negra muito simpática veio correndo cumprir as ordens. Sorriu para os recém-chegados e falou:

– Podem tomar a água da bica e este caldo, depois tomem banho, vocês estão muito sujos. Vou fazer curativos em seus ferimentos e depois, comerão.

Um feitor ficou olhando, vigiando-os. O caldo quente lhes deu ânimo. Ninha, diminutivo de Joaninha, fez todos tirarem as roupas, ou os farrapos que vestiam, e os fez se banharem. No pátio, em frente à senzala, passava um filete d'água e por um bambu jorrava a bica. Todos foram tomar banho.

– Esfreguem mais! Quero-os limpos! – pediu Ninha.

Ela pegou umas folhas, raspou-as e esfregou nos ferimentos, principalmente nos de dois jovens que estavam muito machucados.

– Isto limpará suas feridas. Agora dói, mas depois sentirão alívio!

Depois que se enxugaram, ela lhes deu roupas limpas. O aspecto deles mudou. Sentaram-se em bancos de madeira e se alimentaram. Comeram até se saciarem. Ninha, que os olhava, recomendou:

– Aqui, nesta pequena fazenda, não somos maltratados. O sinhô é muito bravo, mas a sinhá é generosa. Temos a senzala limpa, roupas e não passamos fome. À noite somos trancados e também vigiados. Não queremos fugir, negro fujão morre no tronco de tantas chicotadas. Trabalhem direito que a vida é suportável!

Ninha aproximou-se de Miguel e disse:

– Você ficará com outras crianças. Agora é meu filho. Sou mãe de todos que não a têm. – E pediu alto: – Entrem na senzala.

Ela entrou com eles, mostrou a cada um onde iriam dormir e disse:

– Fiquem aqui! Logo os outros chegarão do trabalho. Tenho de acabar o serviço que estava fazendo. Volto à noite. E vocês passem este pó nos ferimentos.

Ficaram lá. Miguel não estava ferido e ficou olhando um passar o pó cinzento nos ferimentos do outro. Um rapaz estava com as costas em carne viva, fora chicoteado. Não conversaram. Escutaram barulho e outros escravos entraram na senzala. Um deles falou:

– Então, vocês são os novatos! Como se chamam?

Miguel e outros cinco responderam e dois que pareciam não entender continuaram quietos. Responderam a algumas perguntas como de onde vieram, o que faziam e um dos negros comentou:

– Valemos menos que um animal! O dono destas terras os comprou porque precisa de mais escravos trabalhando.

Aquela senzala era bem melhor do que aquela em que Miguel morava anteriormente. Era espaçosa e havia três latrinas no fundo, que eram fechadas com folhas de coqueiro. Depois que os escravos os viram, foram se banhar e se alimentar no pátio. Escurecia, eles entraram e o portão foi fechado. Acenderam uma pequena fogueira. Miguel foi dormir perto de outros meninos. Ninha dormia perto das crianças. Ele compreendeu mais tarde que ela os protegia de serem estuprados pelos negros jovens.

Comprados para trabalhar, era dada preferência a homens, principalmente os trazidos da África. A maioria das mulheres negras trabalhava na casa dos senhores e quase sempre eram usadas para saciar apetites sexuais de seus proprietários e empregados. E na senzala não havia somente bonzinhos. Presos, confinados, obrigados a trabalhar, humilhados tinham em comum revolta e ódio aos senhores e feitores. No convívio havia brigas por inveja, por motivos fúteis, fofocas, intrigas, mas também havia pessoas boas que estavam sempre apaziguando e aconselhando os outros, bem como cuidando deles.

No outro dia, um dos feitores ordenou:

– Os dois que estão machucados ficarão aqui, irão trabalhar somente quando seus ferimentos sararem. E você, menino – apontou para Miguel –, fica com as outras crianças ajudando Ninha.

Miguel viu os homens saírem para trabalhar e Ninha pediu aos dois feridos:

– Vocês não saiam da senzala!

Os dois não compreenderam, ficaram olhando-a. Ninha fez gestos, repetindo e falando devagar e eles concordaram com a cabeça. Ela explicou às crianças:

– Eles vieram de longe, de outras terras, não sabem falar como nós.

– Pensei que todos falassem do mesmo modo. Vim de longe e entendo o que você fala – disse Miguel.

– Eles vieram de mais longe ainda. Viajaram de canoa grande, que chamam de navio. À noite, vou pedir para João ensiná-los a falar como nós.

Ninha foi lavar roupas, e Miguel e as crianças pequenas acompanharam-na e a ajudaram. Depois voltaram à senzala e a limparam, deixando tudo arrumado. Ninha fez comida, almoçaram e depois voltaram a lavar roupas. Retornaram para fazer o jantar; os negros chegaram, se banharam, comeram e foram trancados na senzala. João foi conversar com os dois e os ensinaria a falar. Após escutá-los, disse a todos:

– Os dois foram capturados numa mata onde viviam livres e felizes. Homens armados, uns brancos e outros negros, invadiram a aldeia, mataram muitos, principalmente velhos e crianças, prenderam os homens fortes e jovens. Foram muito maltratados, ficaram presos, alimentaram-se pouco, depois foram colocados no porão de um navio. A viagem foi horrível, balançava muito, vários negros morreram e foram jogados no mar. Quando chegaram, tomaram banho, alimentaram-se e foram colocados num local para as pessoas os comprarem. Estão machucados por terem sido empurrados e caírem. O que foi chicoteado recebeu o castigo porque ao ser desamarrado e ver uma mata achou que poderia correr e se esconder nela. Foi capturado e apanhou.

Todos ficaram tristes. Dias depois, ao se sentirem bem, foram trabalhar. As crianças menores ficavam o dia todo com Ninha. No período infantil, tem-se a capacidade de se entreter com qualquer coisa. As crianças escravas ajudavam Ninha e também brincavam, subiam em árvores, pegavam frutas. Naquela fazenda, os escravos recebiam uma alimentação mais balanceada, não passavam fome e viviam mais. Na fazenda em que Miguel morava antes, a maioria dos negros morria na fase adulta por doenças, fraquezas, exaustão. Mas ali se vivia mais. Com dez anos, Miguel passou a cuidar da horta trabalhando bastante; aos 13 anos foi para a lavoura de cana-de-açúcar. Trabalho pesado. Ele gostava de se alimentar de brotos, frutas, sementes e mastigava muito os alimentos. E, pela manhã e após o banho, respirava devagar, prestando atenção no ritmo da respiração. Era quieto, conversava pouco e evitava brigas. Tinha muito respeito por Ninha e ali, na senzala, todos gostavam dela, que cuidava sempre das crianças, principalmente dos meninos. Um dia, Miguel perguntou a ela:

– Você tem filhos que foram para longe? – perguntou Miguel curioso.

– Nunca tive filhos!

Miguel entendeu que Ninha não teve filhos, mas cuidava dos filhos alheios como se fossem dela.

Os escravos da senzala viam pouco o sinhô, que ficava muito na casa-grande. Na fazenda não havia muitos castigos; somente alguns de vez em quando recebiam algumas chicotadas por não trabalharem direito. Eles trabalhavam todos os dias sem folgas.

Miguel lembrava que, uma vez, um negro fugiu, saiu da lavoura, correu e entrou no mato. Foi capturado, o feitor trouxe-o amarrado e ele foi colocado no tronco. Depois do jantar, todos tiveram de assistir ao castigo. Miguel estava com nove anos e não queria ir, porém foi obrigado. O barulho das chicotadas com os gemidos dele ecoaram por sua mente. Fechou os olhos apertado para não ver. Bateram muito nele, a ordem era para chicoteá-lo até que morresse. Mas a sinhá interferiu e o castigo parou. Levaram-no para a senzala. Ninha banhou-o e cuidou dele, colocando folhas no ferimento e lhe dando chás para beber. Miguel viu-o deitado de costas, estava muito ferido e sangrava. Ele sofreu muito, ficou dias deitado e emagreceu. Seis dias depois, teve de voltar ao trabalho. Todos ficaram com medo de fugir. Não houve mais fugas.

Os escravos que serviam os senhores, trabalhando na casa-grande, na moradia dos proprietários, possuíam mais conhecimentos, já os que trabalhavam na lavoura viviam isolados na senzala, e seu saber era muito restrito. Eles escutavam interessados quando alguns dos servos da casa vinham visitá-los e falavam como viviam os senhores.

– A sinhazinha – contou uma escrava – gosta muito de ler.

– O que é ler? – perguntou Miguel curioso.

– Eles escrevem num papel o que falam, isso fica desenhado e quando querem, decifram os desenhos e falam. Uns escrevem e outros lêem – respondeu a escrava.

Miguel ficou admirado e ela continuou a falar:

– Eles também costumam orar, têm imagens de barro bonitas, ajoelham e dizem algo baixinho.

– Os senhores ajoelham? – espantou-se um morador.

– É para o Deus deles – respondeu a moça informando.

– Eles têm Deus? E nós? – quis saber um garoto.

– Acho que não, porque se tivéssemos, Ele não ia nos deixar viver assim, pior que bichos – resmungou um idoso.

– Ora, o Deus deve ser único e para todos. Quem faz diferença são os homens. Sinto no meu íntimo que Deus existe! – exclamou Ninha.

– É melhor você não dizer isso por aí – aconselhou uma escrava idosa. – O Deus é deles, dos brancos, e nós os negros não temos.

A conversa impressionou Miguel, que ficou pensando:

"O que seria Deus? Por que eles ajoelhavam e diziam coisas baixinho? Será que esse Deus é mais poderoso que os brancos? Seria mesmo só dos senhores? Será que eu também posso ajoelhar e conversar com Ele?"

Achou que seria muito interessante ter um Deus para conversar, mas esqueceu o assunto.

Miguel era inteligente, sempre achava uma maneira de facilitar seu serviço. Ainda menino, quando trabalhava na horta, achou um modo de aguar as plantinhas sem muito esforço. Entendeu também que não adiantava fugir, pois a cor da pele o denunciaria e, para ter êxito numa fuga, necessitaria planejar, saber para onde ir. Aprendeu a se isolar para não se contaminar com a tristeza que existia na senzala. Isso era difícil, pois a maioria dos que ali estavam queixava-se de saudades, porque havia deixado a família em outros locais e nunca mais soubera dela; além disso, o trabalho era exaustivo, não tinha lazer e nenhum motivo para ter alegrias. Miguel gostava de sonhar, de pensar que podia voar por cima das árvores, que cavalgava pelos campos, que ia ter companheira e filhos sadios e lindos. Mas eram sonhos...

E ali, na senzala, escutavam muitas histórias e todas de sofrimento. Um dos escravos contou que, na antiga fazenda em que morava, os velhos iam embora. O feitor dizia que eles iam morar na cidade numa casa somente para escravos idosos.

Eles não queriam ir, queriam ficar perto dos filhos e netos, mas iam obrigados. Todos pensavam que iam descansar, viver com algum conforto depois de tantos anos trabalhando, mas descobriram que eles eram mortos e jogados em buracos com terra e pedras. Comentavam também que havia escravos em algumas fazendas e nas cidades que eram bem tratados e que ali, no lugar onde moravam, não era dos piores.

Em época de entressafra, eles tinham menos serviços nas lavouras e então iam trabalhar na sede, arrumando as estradas, consertando as casas, a senzala e refazendo cercas.

Uma tarde, Miguel estava carpindo a margem da estrada, quando um senhor saiu de carruagem da casa-grande, era uma visita. O homem estava com uns papéis na mão e perto dele deixou cair uma folha e o vento a fez planar. Miguel largou o enxadão e correu para pegá-la. Era a primeira vez que via papel e achou maravilhoso. Gritou para o cocheiro parar e olhou a folha, que era branca com desenhos pretos. Teve certeza de que ia entender o que estava desenhado nela. Que decepção! Não conseguiu decifrar aqueles desenhos, eram complicados demais. Andou rápido até a carruagem que parara e entregou o papel ao senhor. Ele queria ter tido a coragem para dizer algo como: "O senhor deixou cair". Não falou nada. O homem pegou a folha e ordenou ao cocheiro que seguisse. O condutor era negro, estava bem vestido e olhou para Miguel com superioridade. Partiram. O feitor que os vigiava aproximou-se dele e quis saber:

– Que aconteceu, Miguelo?

– O sinhô deixou cair uma coisa, peguei e dei a ele.

– Volte ao trabalho!

Com essa resposta entendeu que agira certo. Voltou ao trabalho, mas muito triste. Achou que ia falar, ler com facilidade o que estava escrito no papel. Queria muito ler, achou por instantes que conseguiria e ficou o resto da tarde aborrecido. Quando voltou à senzala, teve de contar a todos o que acontecera. Qualquer coisa diferente era assunto interessante, somente não disse que achou que ia ler, senão iriam rir dele.

Dias depois, outra novidade: a irmã da sinhá veio visitá-los e iria ficar uns dias na casa-grande.

– Ela tem os olhos azuis! A pele clarinha como leite!

– Olhos azuis? Cor do céu? Você está mentindo!

Não acreditaram no escravo que vira a moça. Curiosos todos tentaram vê-la. Uma escrava-serva contou à sinhá sobre a curiosidade dos negros da senzala. Ela riu achando graça. Numa tarde, depois que haviam tomado banho e iam jantar, a sinhá foi com a irmã e dois empregados ao pátio. Os escravos a olharam admirados. A visita era mesmo muito branca, tinha os olhos grandes e muito azuis. As duas acharam graça do espanto deles. Ficaram ali por momentos e foram embora, deixando-os abismados.

– Como pode ter alguém daquele jeito? Olhos azuis! E ela enxerga! – comentaram.

– Eu já tinha visto brancos de olhos claros, mas não como os dessa moça. São brilhantes!

– Será que ela enxerga como nós? – curioso um garoto quis saber.

– Não sei – respondeu um negro idoso. – Nós temos os olhos negros e vemos cores. Ela nos vê negros, deve então enxergar igual.

Havia poucas mulheres na senzala, e os homens as tratavam bem e as ajudavam em suas tarefas. Havia crianças nascidas na fazenda e entre elas algumas meninas, e uma chamou a atenção de Miguel. Era Isabel. Ele estava com 16 anos, ela, com 11 anos. Miguel passou a sonhar em tê-la como companheira. Isabel gostava dele e dizia isso a todos. Dois anos se passaram em que somente conversavam sentados em volta da fogueira dentro da senzala.

Uma tarde, ao voltarem da lavoura, Ninha os esperava, puxou Miguel e pediu:

– Calma, Miguelo! Quero que você não faça nada!

Entraram todos curiosos na senzala. Ninha segurou o braços do pai e da mãe de Isabel e falou alto informando a todos do ocorrido:

– Peço a todos para terem calma! Isabel estava comigo lavando roupas quando o feitor pediu para ela buscar uns lençóis. Não desconfiei de nada, porque ele me enganou indo para o outro lado. Isabel foi e ele a atacou.

Miguel sentiu uma dor tão forte no peito que por instantes ficou tonto. Não era a primeira vez que isso acontecia. As meninas, jovens, eram estupradas pelos senhores, feitores e empregados. A mãe de Isabel chorou, Ninha a abraçou. Ele se aproximara dela para vê-la, estava deitada num canto, muito machucada.

– Ela lutou com o feitor e apanhou. Ele bateu com o cabo de madeira de seu chicote em seu rosto – Ninha explicou.

Isabel teve os dentes da frente quebrados e a boca estava inchada e cortada. Ela estava com os olhos abertos, mas parecia não ver nada.

– Está em estado de choque – explicou Ninha.

Miguel afastou-se para o outro canto e chorou. Lágrimas escorreram abundantes pelas suas faces.

"Por que essa maldade?", pensou ele. "Por que o feitor fez isso? É casado, tem filhos e filhas, machucou uma menina pura. Será que esse Deus dos brancos aprova esse ato?"

O pai de Isabel revoltou-se, tremia de raiva, quis sair e enfrentar o feitor. Ninha teve de gritar com ele.

– Calma! Tenha juízo! Como você vai enfrentá-lo? Ou ele o mata com um tiro ou o coloca no tronco. De que vai adiantar?

– É melhor você fazer o que Ninha está dizendo – aconselhou Simão. – Você quer se vingar? Ajudo você, mas agora devemos manter a calma e cuidar de Isabel.

Todos na senzala olharam para ele e se acalmaram. Miguel o observou. Simão era muito quieto, mas prestava atenção em tudo. Ele viera de outras terras, da África. Tinha profunda mágoa dele mesmo por não ter enfrentado os homens que o capturaram. Não lutou e, preso, viu matarem as mulheres, os velhos e as crianças pequenas. Não dava problemas na fazenda nem na senzala; era obediente, trabalhava direito e estava sempre calado. Uma vez o feitor xingou-o, ele olhou de um modo que o feitor afastou-se rápido. Diziam que ele conversava com os animais. Porém, ninguém comentava isso perto dele.

Miguel continuou olhando-o e lembrou de ter um dia perguntado a ele:

– É verdade que você entende os animais?

Simão não respondeu, olhou-o de um jeito que ele sentiu um tremor, levantou-se e foi se sentar em outro lugar. Curioso, Miguel indagou então a Ninha e ela lhe respondeu:

– Simão já sofreu muito, como todos nós. Não sei se é verdade que ele conversa com os animais. Por estar sempre calado e muito triste, falam dele. Mas já viram ele falar baixinho com os cavalos e cães. Uma tarde eu o vi falar com o chão, aproximei-me curiosa, não tenho certeza, mas acho que era uma cobra.

Por isso que quando Simão falou que ajudaria, todos olharam admirados para ele, pois ninguém antes o ouvira falar tanto. Normalmente, quando falava, eram monossílabos. O pai de Isabel concordou com a cabeça.

– Vamos esperar uns três dias – determinou Simão.

Ninha cuidou de Isabel, mas ela não saía do estado de choque. Ficou quieta, alimentava-se se colocassem alimentos em sua boca.

No terceiro dia, Bibão, um negro que era líder na senzala, de manhãzinha, antes de irem para o trabalho, pediu a Miguel e a outros três:

– Vocês agilizem seus trabalhos e façam o de Simão. Ele vai se ausentar e, se perguntarem, digam que ele está fazendo suas necessidades. Como o trabalho dele estará sendo feito, o feitor acreditará. E não falem nada mais que isso. Entenderam?

Existia entre eles cooperação, quando alguém estava doente, fora castigado ou precisava fazer algo, outros ajudavam. Os quatro não perguntaram nada, embora curiosos, e esperaram para ver o que iria acontecer.

O feitor que estuprara Isabel agia como se nada tivesse acontecido, mas estranhou que o pai dela não falara com ele e que ninguém comentasse e, depois de dois dias, esqueceu a maldade que fizera. Ele costumava, à tarde, deitar-se embaixo de uma árvore para descansar e, às vezes, até dormia. Deixava o cavalo pastando perto e a arma ao lado.

Os escravos ouviram gritos e correram. Era o feitor.

– Uma cobra me mordeu. Eram duas! Olhem aqui!

Ele falava depressa, e o sinal das mordidas estavam nos seus dois braços.

– O que faço? – perguntou Bibão.

– Leve-me para a sede e rápido! – ordenou o feitor.

– Está bem. Vou colocá-lo no cavalo.

O feitor já estava tonto e sentia medo. Bibão colocou-o deitado na sela e foi puxando o cavalo.

– Voltem para o trabalho, logo o outro feitor passará por aqui. Digam a ele o que aconteceu – pediu Bibão.

Miguel olhou para o pai de Isabel e ele sorriu: estava vingado.

– Bibão, devemos procurar as cobras? – perguntou um escravo.

– Não, deixemo-las em paz! Elas sabem quem mordem.

E devagar, demonstrando que ia dar voltas, foi puxando o cavalo com o feitor em cima.

Logo o outro feitor veio e todos queriam falar ao mesmo tempo.

– Vou ver se acho a cobra – falou o feitor. – Falta alguém de vocês? Não? Voltem ao trabalho. Vamos parar mais cedo.

O outro feitor não achou nenhuma cobra. Simão logo depois voltou ao trabalho e estava quieto como sempre. E ninguém ousou lhe perguntar nada.

O feitor chegou à sede passando mal, sentia muitas dores, implorava para não o deixarem morrer, pois não queria ir para o inferno e gritava para o demônio não levá-lo, mas morreu à noite. Dois dias depois, os escravos viram sua mulher e filhos partirem da fazenda. Estavam chorando e Miguel sentiu pena deles.

– O sinhô – explicou Ninha – ordenou que mudassem, saíssem da fazenda, porque outro empregado virá ocupar a casa. Eles vão para a cidade.

Miguel aproximou-se de Ninha e perguntou:

– O que é cidade?

– São muitas casas perto uma da outra onde moram muitas pessoas.

– A mulher do feitor está sofrendo. Tive pena! – exclamou Miguel.

– O feitor fez muitas maldades, pagou caro e sua família sofrerá também. Não será fácil para a mulher dele, mesmo sendo branca, viver sem marido.

– Terá valido a pena? – indagou-lhe Miguel.

– Não, com certeza, não! – respondeu Ninha.

– Ninha, eu gosto de Isabel e ela de mim. Queria muito saber o que aconteceu. O que você sabe?

Ninha pensou por um instante e resolveu falar o que sabia.

– Você não deve contar a ninguém o que vou lhe dizer. Na noite seguinte à que Isabel foi atacada, houve uma reunião na senzala quando a maioria já estava dormindo. O pai de Isabel, Bibão e Simão planejaram tudo. Bibão pediu a vocês para fazer o serviço de Simão para ele sair e ir a uma toca de cobras. Simão, quando se ausentou, foi lá, pegou-as e as colocou na árvore. Quando o feitor dormiu, ele deu um sinal, elas lhe obedeceram e morderam o feitor. Simão estava perto da árvore escondido; depois que as cobras fizeram o que lhes foi ordenado, ele as pegou e as levou para a toca[5].

– Você acha isso possível? – perguntou Miguel admirado.

– Deve ser, porque foi isso o que aconteceu – respondeu Ninha.

---

5. Existem várias maneiras de nos comunicarmos: pela escrita, fala, telepatia, pelo olhar. Simão foi um espírito muito ligado à natureza e nessa encarnação, pelo modo como viveu, não desenvolveu nenhum comportamento egocêntrico, ficando com o canal aberto para comunicar-se com os animais: ele os amava e eles sentiam isso. Podemos dar como exemplo Francisco de Assis, que se comunicava com os animais; sua bibliografia é rica em relatos nesse sentido. No livro *São Francisco de Assis* (Editora Vozes, Petrópolis, RJ), a autora Maria Sticco descreve várias passagens dos colóquios desse espírito com os animais. Francisco o fazia com a compreensão de que tudo foi criado por Deus e que não há separação entre as coisas criadas por Ele. Para compreender os animais e ser por eles compreendido, é necessário não ter por eles nenhum sentimento negativo como medo, agressividade, temor de ser atacado, de atacar, e entender que, como nós, foram criados por Deus. (Nota da Médium)

– Como ele fez isso? – quis ele saber.

– Simão me contou que onde ele morava, lá na África, era um feiticeiro, encantador de serpentes, aprendeu a entender os animais com os velhos de sua tribo. E que desde pequenino tinha essa facilidade, lidava com os bichos e fazia com que eles lhe obedecessem. O feiticeiro maior de sua tribo dizia que havia muito tempo que ele fazia isso.

– Como, se era pequeno?

– Simão acredita que vivemos muitas vezes.

– Ah, isso não! Não quero morrer e viver aqui de novo! – exclamou Miguel.

– Não entendi direito, mas acho que não é no mesmo corpo, que podemos ora ser branco, depois negro, índio e branco de novo.

– Até quando?

– Não sei, acho que é até aprender – falou Ninha suspirando.

Simão voltou a ficar quieto e Isabel não se recuperou, ficou louca. Não se lembrava de ninguém, andava durante o dia perto da senzala, falava sozinha. Sua mãe e Ninha tinham de dar banho nela e, às vezes, ela se recusava a comer e tinham de dar alimentos em sua boca. Os machucados cicatrizaram, ficando os dentes da frente quebrados, começou a engordar e meses depois estava obesa. Inconscientemente, queria ficar feia para não ser agredida de novo. A sinhá, ao vê-la, disse:

– Não está lúcida!

E os que ouviram, repetiram que a sinhá a chamara de lúcida. Que Isabel agora estava lúcida, então todos passaram a chamá-la de Lúcida. E Miguel achava que não somente ela mudara de nome, mas também havia se tornado outra pessoa, completamente estranha. Sentia muita pena dela.

Uma noite, alguém na senzala pediu a Ninha:

– Fala de você! Os mais velhos sabem a sua história, mas os jovens não. Gostaríamos de escutá-la.

Como todos pediram, Ninha assentiu com a cabeça.

Miguel foi sentar-se ao lado dela, gostava de Ninha como se ela fosse a sua mãe; de sua genitora lembrava que era uma negra bonita e muito triste, que lhe pedira para ser obediente. E em volta da fogueira escutaram-na atentos.

– Sou irmã do nosso sinhô, filha do pai dele. Minha mãe era serva na casa-grande. Puxei à minha mãe em tudo: feições, cor e caráter. Fiquei órfã de mãe bem pequena. A sinhá, esposa do meu pai, mandou matá-la por ciúmes. Minha mãe, na época, não teve escolha: ou deitava com o seu sinhô ou o pai dela ia para o tronco. Minha avó me contou, quando cresci, que a sinhá-velha – era chamada assim a mãe do senhor atual, o proprietário da fazenda e dos escravos – ordenou que três empregados levassem minha mãezinha para o mato, onde eles a estupraram e a mataram.

"Meu pai me mandou para a senzala para que a sua esposa não me maltratasse, mas deu ordens para que eu não trabalhasse e que ninguém me machucasse. Para não ficar sozinha, acompanhava as lavadeiras e aprendi a lavar roupas. Meu pai morreu, mas antes fez o filho, o sinhô, prometer que me daria a carta de alforria. Se ele não fez em vida, meu meio-irmão também não o fez. Ele não gosta nem de me ver e ai de quem se atrever a falar que eu sou irmã dele. Quando meu pai morreu, dividiram as terras, e esse meu irmão ficou com esta fazenda. Embora ele não goste de mim, me respeita, e a ordem dele é que ninguém me incomode. Como não tenho para onde ir, fico aqui na senzala. Não me queixo, tive companheiros e não tive filhos."

– Você não tem raiva da sinhá-velha? – quiseram saber.

– Quando mocinha tive, mas depois achei que ter raiva é muito ruim, me fazia sentir infeliz. Meu avô me dizia que para tudo tem causa e com certeza existiam motivos para os negros sofrerem assim, que tínhamos de aprender a perdoar. E que as maldades que o velho sinhô e a sinhá-velha fizeram os marcariam e que um dia essas marcas iriam doer. Acreditei nele e passei a ajudar no que eu podia meus irmãos de cor. Embora não tenha sido, nem seja fácil viver como escrava, tenho paz dentro de mim, sinto-me bem.

"A sinhá-velha ficou muito doente, as servas da casa-grande contavam do sofrimento dela para os escravos da senzala: 'Ela vê a alma dos mortos e briga com eles', falou uma mocinha. 'Temos muito medo. O sinhô fala para não termos medo, que ela está doente e não sabe o que diz. Mas parece ser verdade, sinto arrepios quando ela conversa com os mortos. A sinhá-velha tem feridas pelo corpo todo e grita de dores. Sente fome e não consegue se alimentar, somente toma líquidos. Ela fede e o sinhô nos manda dar banho nela, mas o mau cheiro não acaba.'"

Miguel olhou para Ninha e falou:

– Seu avô tinha razão, a marca da maldade que ela fez está fazendo-a sofrer.

Ninha balançou os ombros e não disse nada. A sinhá-velha sofreu por meses até que morreu. As servas disseram que nos últimos dias ela gritava com alguém, dizendo que não queria ir para o inferno.

– Os brancos – explicou uma escrava serva da casa-grande – dizem que as pessoas boas vão para o céu, os maus para o inferno. O Deus deles dá prêmios para os bons e castiga os maus.

– Se eles acham isso – falou Miguel –, não era para eles serem bons? Como eles têm escravos?

– O Deus é somente deles. Eles afirmam que têm almas e que nós negros não temos – respondeu a serva.

Miguel balançou os ombros, achou estranho, mas como não entendeu, ficou quieto. E concluiu que era então preferível não ter alma a ir para o inferno e queimar para sempre como diziam os brancos.

A vida dos escravos naquela fazenda e na maioria delas era uma rotina. Todos os dias acordavam cedo, comiam um mingau, iam para o trabalho e, em cada época do ano, era feito um serviço. Almoçavam. A comida era levada num panelão de barro. Comiam e descansavam por uns trinta minutos, voltavam ao trabalho, ao entardecer iam para o pátio, se banhavam, jantavam comida quente, entravam na senzala, conversavam e dormiam. Mas em muitas fazendas, os escravos eram alimentados somente duas ou uma vez por dia e, em algumas, proibidos de conversarem.

Uma manhã, Simão falou e todos se calaram para escutá-lo.

– Esta noite vi o feiticeiro-chefe de minha tribo, que morreu quando invadiram nossa aldeia. Ele falou que veio me buscar. Vou voltar para as minhas matas queridas, antes de muitos sofrimentos por aqui.

– Você sonhou ou viu a alma do morto? – perguntou Bibão.

Ele não respondeu. Foram para a lavoura. Simão sentiu-se mal logo depois do almoço e começou a vomitar. O feitor mandou que ele voltasse para a senzala. À noite, quando chegaram, encontraram-no deitado, sentia muitas dores, suava e perceberam que ele se esforçava para não gemer. Ninha cuidava dele, lhe deu chás de ervas, mas Simão vomitava.

– O que ele tem? – perguntou Bibão a Ninha.

– Acho que é nó nas tripas[6].

Na manhã seguinte, o feitor foi vê-lo e ordenou que ficasse na senzala e que Ninha cuidasse dele. Simão sofreu por três dias; mesmo febril, ele não falava.

Morreu de noite. No outro dia, dois escravos abriram uma cova num campo afastado alguns metros da senzala e o enterraram. Era ali que enterravam os escravos. Quando um

6. Com certeza, uma apendicite supurada. (N.A.E.)

deles morria, os sentimentos dos outros variavam. Se o morto era querido, sentiam a perda; se era briguento, maldoso, sentiam alívio. Normalmente, faziam somente alguns comentários e continuavam sua rotina. Miguel viu nesses enterros somente duas escravas chorarem muito, uma com a morte do pai, outra do companheiro. Não havia, porém, muito tempo para lamentos, pois tinham de trabalhar. Ninha, na noite seguinte, contou que cuidou de Simão, que sofreu calado, e que ele dissera somente: "Poderia, Ninha, pedir para um bicho me aliviar, matar meu corpo para eu ir embora. Mas o feiticeiro não quer, me disse que tenho de sentir essas dores para ficar leve e ele me levar".

– Vocês se lembram do que ele disse na manhã antes de ir para o trabalho no dia em que se sentiu mal? – perguntou um negro.

Todos lembravam e os dizeres dele ecoavam em suas mentes lhes dando medo: "Antes de muitos sofrimentos, devo ir daqui!"

4
A fuga

Os escravos servos da casa comentavam que os senhores estavam passando por dificuldades financeiras.

– O sinhô tem deixado claro que o dinheiro está pouco – disse uma moça.

– Nós, com certeza, seremos os mais prejudicados. Vão racionar nossa alimentação – lamentou um escravo.

– Comemos o que a horta produz e muitas frutas, e as árvores estão aí, comemos pouca carne e o farelo está plantado. Acho que não tem como nos alimentarmos menos – disse Bibão.

Sabiam que o dinheiro era usado para comerciar, comprar coisas, mas os escravos da senzala não o conheciam nem sabiam usá-lo. Esperançosos, esperavam que o sinhô resolvesse seus problemas e que não piorasse a vida deles.

Ao chegarem uma tarde do trabalho, encontraram no pátio três negros com cabeça baixa e infelizes. Estavam amarrados com cordas e um feitor ordenou a Bibão e Ninha:

– O sinhô ganhou esses três escravos. Estão machucados. Cuidem deles. Quero-os bons para o trabalho daqui a três dias. Este – disse apontando para o mais velho – é um fujão. Sabá está marcado com ferro porque gosta de fugir. Este outro é castrado, chama-se Bastião e este é Nercio. Vou desamarrá-los. E, não fujam, porque a ordem é para dar um tiro certeiro.

Ficaram olhando-os curiosos. Ninha lhes deu água e pediu que sentassem. O feitor deu a Ninha uma faca para que cortasse os cabelos deles. Os três ficaram quietos. Os outros escravos foram tomar banho. Tomavam banhos separados, as mulheres iam atrás de um cercado de folhas. Quando Ninha acabou de cortar os cabelos deles, devolveu a faca ao feitor e pediu aos três:

– Vão tomar banho, estão muito sujos.

Sabá e Nercio não estavam acostumados a tomar banho. Em muitas fazendas, era raro escravos da senzala se banharem.

– Tirem as roupas sujas – pediu Ninha. – Vou arrumar outras limpas para vocês. – Olhou para Bastião e disse: – Você toma banho de calças, depois vá trocar-se ali atrás.

Bibão ajudou Sabá a se banhar, a lavar suas costas, que estavam muito machucadas; o peito e o rosto estavam marcados com ferro quente. Alguns ferimentos estavam inflamados. Ele sentiu dores, mas não gemeu. Ninha preparou seus emplastos, pediu a Bibão para colocar em Bastião e ela colocou em Sabá e depois deu chás para que tomassem.

– Isto ajudará a cicatrizar as feridas e amenizará as dores. Agora comam.

Os três estavam famintos e comeram muito. Ninha arrumou lugar para dormirem. Passaram o dia trancados na senzala. À tarde, quando os escravos chegaram da lavoura, encontraram os três com aspecto melhor. Já tinham se banhado e esperavam-nos para jantar. Ao entrarem na senzala, Bibão falou a eles:

– Vendo vocês machucados assim, afirmo que aqui até que somos bem tratados.

– Se obedecerem! – exclamou Sabá.

– Temos escolha? – perguntou Bibão.

– Pode-se fugir – respondeu Sabá.

– O que adianta fugir se não temos para onde ir? – falou Bibão. – A cor da nossa pele nos condena. Somos negros! Portanto, escravos! Você fugiu, foi capturado e recebeu o castigo.

– Ia ser morto – falou Sabá. – Marcaram-me o peito e o rosto com ferro, me colocaram no tronco, recebi chicotadas, no outro dia ia ser chicoteado novamente e no outro também, até morrer. Iam me matar lentamente para servir de exemplo. O sinhô desta fazenda me viu e falou que não precisavam me matar que ele ia ficar comigo. Escutei o meu ex-sinhô dizer: "Você gosta de rebeldes? Temos mais dois, se quiser pode levá-los". O feitor me desamarrou, uma escrava me ajudou, me deu alimentos e me colocaram numa carroça com algumas mercadorias e viemos para cá.

– Por que fugiu? – perguntou Bibão.

– E escravo precisa de motivo? Querer ser livre já não basta? – respondeu Sabá indagando com tom rude, depois amenizando-o, falou compassadamente: – Teve sim. Tudo começou quando gostei de uma escrava e passamos a viver como companheiros. O sinhô a vendeu ou a deu de presente para uma sobrinha, sofremos muito ao nos separarmos. Vendo-me triste, os feitores riram de mim dizendo gracejos, fiquei desesperado e com raiva. Não fui inteligente, nisso você, Bibão, tem razão, não planejei minha fuga. Pensando que ia encontrar com minha amada, saí da senzala sem rumo certo, achando que ia encontrá-la, libertá-la e iríamos para um lugar e viveríamos livres. Mas nem sei onde ela está. Fugi para a floresta, passei fome, sede e fui capturado pelos capitães-do-mato.

– Ainda bem que o nosso sinhô o salvou! – exclamou Ninha.

– Não sei se é ainda bem – falou Sabá. – Talvez ele se arrependa. Mas, com certeza ele e a família serão poupados.

– Sabá, revolta não resolve – aconselhou Bibão.

– Sei disso – falou ele. – Mas como não ter revolta?

– Vamos dormir! – falou Ninha.

Miguel observou tudo com atenção. Não gostou de Sabá, achou que ele se dizia revoltado, mas na realidade sentia muito ódio. Ele tentou ser simpático apenas para conquistar os escravos da senzala. Miguel sentiu que Sabá iria, com certeza, fugir novamente e complicar a vida de todos.

– Por que será que o nosso sinhô trouxe para cá esses três? – Miguel perguntou baixinho a Ninha.

– Escravos se compram com dinheiro – respondeu Ninha baixinho também – ou se adquire por trocas. Se é verdade que o nosso sinhô tem pouco dinheiro, ele trouxe esses sem pagar nada.

– Isso não vai dar certo! – exclamou Miguel.

Ninha não respondeu. Olhou para Miguel e, pelo seu olhar, concordava com ele. Foram dormir.

Na noite seguinte, Nercio contou a sua história.

– Na fazenda em que eu morava, somente os fujões e os preguiçosos recebiam castigos. Eu trabalhava do lado de fora da casa-grande, no jardim, rachava lenhas, cuidava da horta e do pomar. A sinhazinha, filha dos meus senhores, uma branca muito feia, vinha sempre conversar comigo, pedindo para pegar frutas, verduras ou flores para ela. Desconfiei que ela podia querer algo mais, tive medo e passei a evitá-la, chegando até a correr dela.

– Que situação! – exclamou Bibão.

– Ser escravo não é fácil! – opinou uma escrava. – Se você tivesse cedido aos caprichos dela, seria castigado; se não cedesse, também. Mas continue contando.

– De manhã, Ambroza, a escrava cozinheira, me pediu lenha e, disfarçando, me contou: "Nercio, o sinhô vai dá-lo, logo vão levá-lo embora. A sinhazinha está interessada em você e o sinhô percebeu. Ele é justo, sabe que você não tem culpa, mas, mesmo assim, resolveu afastá-lo". Meu Deus!, exclamei chorando. Não quero ir embora! O que faço? "Nada", respondeu Ambroza. "Você quer que eu dê algum recado?" Diga à minha mãe para me abençoar e que deixo abraço a todos. A escrava entrou rápido na cozinha e eu fui pegar lenha. O feitor me chamou, me amarrou com cordas, ordenou que montasse no cavalo e, sem dar nenhuma explicação, puxou o cavalo e saímos da fazenda. Fui embora chorando, lá deixei meus pais, irmãos e Florzinha, uma negra linda que amo. Tudo porque a sinhazinha branquela se interessou por mim. Fui levado para outra fazenda, fiquei na senzala por algumas horas. À tarde foi me dito que ia partir novamente. O feitor disse: "O sinhô daqui não quer escravos-problemas. Você com esses dois vão embora". E vim com eles para cá.

– Viver aqui não é ruim – Bibão tentou animá-lo.

– Lá, eu fazia um trabalho mais leve, aqui irei para a lavoura. E como conviver com a saudade? Nem deixaram eu me despedir da minha família, de Florzinha. Ela com certeza arrumará outro e minha mãe deve estar sofrendo muito. Estou tão infeliz!

Nercio chorou e muitos choraram também. Separar-se dos que amamos sempre é muito difícil. Miguel sentiu saudades de sua mãe, lembrava-se dela somente quando se despediram. Pensou triste:

"Será que minha mãe está viva? E meus irmãos, onde estarão? Entendo o sofrimento de Nercio. Eu não quero gostar de mais ninguém. Gostei de Isabel, agora Lúcida, que mudou tanto depois da maldade que recebeu, que não é mais a mesma. A Isabel que amei acabou, mas ainda sei dela e Nercio, com certeza, nunca mais saberá de sua família nem de sua Florzinha."

– Nós vamos ajudar vocês três no serviço na lavoura, até se acostumarem e aprenderem – determinou Bibão.

Todos concordaram e foram dormir. Na noite seguinte uma escrava olhou para Bastião e perguntou:

– E você, por que veio para cá? Conta para nós o que aconteceu.

– Bastião, você não precisa contar nada se não quiser – falou Ninha. – Os senhores não precisam de motivos para nos dar ou vender. Eles dispõem de nossa vida. Vieram para cá obrigados e espero que aqui vivam melhor.

Todos ficaram quietos, estavam curiosos, mas não ousaram pedir ou comentar o que poderia ter lhe acontecido. Miguel achou que ele não ia dizer nada, mas Bastião falou devagar:

– Minha história não difere muito da de Nercio. A sinhá, esposa do sinhô, traía o marido com alguns negros. Todos os escravos da fazenda tinham medo desse envolvimento. Mas nunca aconteceu nada, nem com as escravas que eram obrigadas a dormir com ele nem com os negros da sinhá. Quando ela me falou para ir ao quarto do fundo, estremeci. Tive uma sensação estranha, como se algo fosse acontecer comigo. Fui pequeno para aquela fazenda; meu sinhô me comprou no mercado, não me lembro de nada, nem de minha mãe. Cresci na fazenda e não era apegado a ninguém. A sinhá me fez seu amante fixo. O sinhô e ela viajaram e o filho deles, já adulto, mandou me castrar e me levar ao mercado para ser vendido. Sofri muito, senti muitas dores, quase morri. O empregado, em vez de me levar ao mercado, me deixou na fazenda vizinha e falou a todos que eu tinha morrido no caminho. Lá cuidaram de mim. O dono dessa fazenda não queria mais escravos com problemas, como o feitor me disse, e fui doado e vim com eles.

Bastião chorou. Dessa vez ninguém fez comentários e foram dormir.

Sabá aproveitava-se de todas as oportunidades para manifestar sua revolta e dizer que iria fugir. Os feitores implicavam com ele e o vigiavam. Uma tarde, ao se banharem, ele aproximou-se de Miguel.

– Você disse numa noite que para fugir, precisa saber para onde. Você sabe?

– Não, nunca saí daqui. Vim pequeno de outra fazenda, que era pior que esta, e não me lembro nem para que lado fica. Não dá para entrar e se esconder na mata, os feitores acham fácil.

– Tem de haver um modo! – exclamou Sabá com raiva.

Ninha escutou, aproximou-se de Sabá e lhe pediu:

– Amenize sua revolta! Acabará sofrendo mais por isso. Tente não maldizer.

– Você é boa, mas não deve se intrometer em minha vida! – respondeu ele.

Sabá saiu de perto e Ninha falou a Miguel:

– Estou preocupada, Miguelo, Sabá é um revoltado. E a revolta é como uma doença contagiosa, se espalha fácil. Logo, muitos na senzala estarão revoltados e o sofrimento será maior.

O sinhô deles não era má pessoa e a sinhá os defendia sempre. Mas havia na fazenda um feitor que era mau, que não abusava porque era empregado e cumpria ordens. Os escravos não gostavam desse feitor, temiam-no.

As escravas, servas da casa-grande, estavam apreensivas e comentaram na senzala:

– Não sabemos ao certo o que está acontecendo – disse uma delas. – O sinhô está muito nervoso. O sinhozinho, que está longe estudando, escreveu que vai casar com uma moça da cidade e não com sua prometida, com a moça que o pai escolheu. A sinhazinha está muito estranha, sua ama disse que ela chorou e que não quer casar com o homem que o pai quer. A nossa sinhá está triste!

Os escravos da senzala, depois, ficaram sabendo que o sinhozinho casou-se com a moça da cidade e que o pai não queria mais vê-lo. O sinhô tinha oito filhos e o que fora para a cidade era o mais velho. Souberam também que um rapaz, filho dos senhores da fazenda vizinha, havia morrido e era o homem de quem a sinhazinha gostava. Uma escrava foi à senzala e contou:

– A sinhazinha estava se encontrando com o filho do vizinho perto do rio. Naquela tarde o sinhô a seguiu, depois de uma hora ele voltou com a sinhazinha, que chorava desesperada. Ela foi trancada no quarto. À noite, o fazendeiro vizinho com seus empregados saíram procurando o moço e o acharam morto com uma pancada na cabeça. Na casa-grande, está uma confusão. O sinhô bateu na Onofra, a escrava-cozinheira, somente porque queimou a carne. A sinhá a defendeu gritando: "Não desconte nela! Pare de bater!" Onofra ficou machucada.

Dizem que a sinhazinha está grávida. Os pais do moço morto desconfiam do nosso sinhô, mas não há provas. Ninguém sabe o que de fato aconteceu.

Houve alguns comentários: uns achavam que o sinhô matou o moço que estava enamorado de sua filha, outros opinavam que os dois brigaram e que ele caiu batendo a cabeça e morreu.

Dias depois ficaram sabendo que o sinhô e a família iam viajar, passar uns tempos na cidade na casa de um irmão da sinhá e que a sinhazinha iria para um convento.

Ninha comentou:

– Todos têm problemas. Os brancos para terem filhos precisam casar, dizer sim na frente de um padre, um homem que, segundo eles, representa o Deus deles.

– Não é estranho o Deus deles ter representantes? – perguntou Miguel.

– Também acho estranho, mas eles não respeitam esse Deus, não fazem o que Ele manda. Estou com pena da sinhazinha, ela gostava do moço vizinho e ele dela, mas o pai não deixou eles ficarem juntos. O rapaz morreu e ela vai para o convento. Certamente, seu filho será um enjeitado, será doado, e ela ficará presa naquele lugar, que deve ser ruim como a senzala.

– Esses brancos fazem muitas coisas erradas! – opinou Bibão. – Por que a sinhazinha não pode ter o filho aqui na fazenda? Por que o sinhô não deixou que a filha ficasse junto do moço que amava? A coitada é branca, mas sofre e sentirá saudades da família, dos amigos e de seu lar, igualzinho como alguns escravos sentem.

Os senhores viajaram e o feitor mau ficou responsável pela fazenda. A primeira ordem foi para trabalhar mais horas e os escravos-servos foram para a lavoura. Trabalhariam lá até os senhores voltarem.

Arrogante, esse feitor começou a usar o chicote até para dar ordens. Xingava muito, ofendia os escravos, caçoava de todos. Miguel entristeceu-se, mas continuou obediente. Um dia, na lavoura, somente porque não entendeu o que ele lhe disse e perguntou: "Como é?", o feitor lhe deu uma chicotada no rosto que atingiu os braços, sangrou a sua face esquerda e fez vergões nos braços.

Ninha à noite fez emplastos, ele colocou no local dolorido e queixou-se:

– Como dói a chicotada! Não sei como sobrevive um escravo que recebe castigo no tronco.

Sabá trabalhava direito, escutava as ofensas quieto, mas seus olhos brilhavam de ódio. Numa noite ele falou:

– Estamos pacíficos demais! Não existem motivos para esse feitor nos tratar assim. Vamos morrer de exaustão! Ele é muito mau! Por que bater no Miguelo somente por não ter entendido o que ele falou? Por que nos xingar assim?

Ninguém falou, mas a revolta tinha se espalhado. Sempre Bibão ou Ninha diziam alguma coisa para acalmar os demais. Sabá olhou para todos, sentiu que aquele era o momento de colocar seu plano em prática. Perguntou baixinho:

– Alguém sabe como ir ao rio em que a sinhazinha ia se encontrar com o vizinho?

– Eu sei – respondeu Bibão. – Mas para que você quer saber?

– Rio sempre vai a muitos lugares. Ele é grande? – Sabá quis saber.

– Você está muito interessado. O que está pensando? – perguntou Ninha.

– Para fugir tem de planejar – respondeu ele. – Acho que se descermos pelo rio, iremos para algum lugar. Caminhar pela água não deixa pistas e teremos água para beber.

– Você está dizendo nós? Você quer fugir com todos? – indagou-lhe Bibão.

– Por que não? Por que ir sozinho? Podemos planejar, unidos teremos mais força. Devemos aproveitar agora que os senhores estão viajando.

E começaram a planejar. Por várias noites conversaram baixinho e concluíram: na noite escolhida, cinco subiriam no telhado, abririam um buraco, sairiam, atacariam o empregado vigia, prenderiam-no, abririam o portão e quem quisesse poderia ir com eles. Pegariam todos os alimentos que conseguissem, desceriam o rio e chegariam ao mar.

– E lá no mar, o que irão fazer? – perguntou Ninha.

– Você, Ninha, é covarde! – exclamou Sabá. – Prefere ficar aqui e ser humilhada. Vamos fugir! É melhor morrer tentando do que viver na senzala. Se o rio vai a muitos lugares, com certeza encontraremos um para morar em liberdade. Se chegarmos ao mar, um rio muito grande, acharemos um local para nos esconder.

Miguel conversou com Nercio e Bastião.

– Eu não vou! Não gosto de muita água e pelas margens do rio existem muitas fazendas, senhores e feitores – decidiu Miguel.

– Pois eu vou! – afirmou Nercio. – O rio passa pela fazenda em que eu morava. Vou encontrar minha família, a Florzinha e eles poderão fugir conosco.

– Será que existe somente um rio? – perguntou Bastião.

– Acho que sim, por que iria ter mais? – falou Nercio.

– Eu também não vou – decidiu Bastião.

Chegou o momento da fuga.

– Será esta noite! – anunciou Sabá.

Miguel sentiu um frio na barriga. Os que iriam se prepararam, despediram-se dos que iam ficar. Permaneciam os escravos mais velhos, algumas crianças, Ninha, Cipó, Bastião, Lúcida e Miguel.

Os cinco homens saíram pelo telhado, logo depois o portão foi aberto.

– Vamos esperar uns instantes por Sabá que foi verificar se o caminho está livre e já volta – falou Bibão.

Sabá voltou, estava alegre, deu uma arma a Bibão, ficou com outra e saíram rápido. Os que ficaram na senzala escutaram dois tiros, mas não voltou ninguém. Quando o Sol despontou, Ninha saiu da senzala e foi ver o que tinha acontecido. Voltou ofegante, chamou Bastião, Miguel e Cipó num canto e pediu:

– Fujam rápido! Peguem suas roupas, as que ficaram, levem estes alimentos e vão por esse lado. Vocês devem passar pela lavoura e seguir rumo à montanha; encontrarão um riacho, entrem na mata subindo sempre até uma cachoeira. Do outro lado dessa queda d'água existe um outro monte, chato, lá existe um quilombo. Quilombo é onde escravos fujões se reúnem, vivem em liberdade. Sei disso porque escutei meu pai, o sinhô-velho, falar.

– Por que quer que fujamos? – perguntou Cipó.

– Sabá atocaiou o feitor mau e o matou. Os tiros que escutamos... dois empregados morreram, o vigia está preso no tronco e um outro empregado foi avisar o sinhô e buscar ajuda. Com as mulheres, crianças e velhos, os brancos não terão coragem de fazer nada, mas com vocês três, não sei. Temo que os torturarão. Fujam, direi aos outros que vocês foram pelo rio atrás dos fujões. Sabá abusou, não devia ter matado. Serão caçados como animais selvagens. Fujam!

Os três correram, pegaram o que puderam, disseram aos outros que iam descer o rio, saíram da senzala e fizeram o trajeto indicado por Ninha. Atravessaram a lavoura, encontraram o riacho e à tarde começaram a subir a montanha. Pararam de andar somente à noite, escolheram para dormir um barranco alto. Os três estavam com medo.

– Não queria fugir – falou Cipó –, mas acho que sair da senzala, da fazenda foi melhor para nós. Ninha nos protegeu indicando este caminho. Ela não contou a Sabá como chegar ao quilombo porque muitos indo para lá seria perigoso para os que estão nesse esconderijo. Sabá é tão mau quanto o feitor, matou três e, com certeza, matará mais. Fará um rastro de sangue por onde passar.

– Por que vocês não quiseram ir com Sabá? – perguntou Bastião.

– Não fui – respondeu Cipó – porque meu pai tentou fugir e morreu no tronco, recebeu chicotadas por três dias para morrer lentamente. Minha mãe sofreu muito e nos fez prometer, eu e dois irmãos, que nunca iríamos fugir.

– Eu – disse Miguel – tive medo de Sabá, não quero fazer maldades. Acho que uma fuga em massa não dá certo. Serão perseguidos e mortos, com certeza. Acho também que Sabá usará seus irmãos de raça como iscas para conseguir fugir. Saí com vocês da fazenda porque achei que Ninha tinha razão. O sinhô virá, interrogará os que ficaram, eles dirão que os fugitivos foram para o rio, ele não terá coragem de torturar os idosos nem as crianças e talvez não faça nada a Ninha, que é sua meia-irmã, mas a nós três com certeza nos castigaria por estar com raiva ou nos faria trabalhar até morrermos de exaustão. E você, Bastião, por que não fugiu?

– Acho também que eles serão perseguidos e mortos. Mas não fui porque Sabá e os que ficaram amigos dele queriam me fazer de mulher. Se não fizeram foi porque Ninha me protegeu.

Bastião chorou.

– Não chore Bastião, eu não falo a ninguém o que aconteceu com você, para onde vamos e ninguém ficará sabendo – disse Miguel.

– Eu juro que guardo segredo – prometeu Cipó.

– O que é isso, juro? – perguntou Miguel.

– Quando a gente jura, não fala mesmo – respondeu Cipó.

– Não é mais fácil dizer não faço ou faço? Falo ou não falo? – perguntou Miguel.

– Acho que sim. Na fazenda em que eu morava antes, costumávamos jurar, aprendemos com os brancos – explicou Cipó.

– O importante, Bastião – disse Miguel –, é que agora somente eu e Cipó sabemos e não vamos falar e você não precisará se envergonhar desse castigo desumano. Vamos agora tentar dormir, está esfriando, vamos ficar perto e descansar. Amanhã, logo que o sol despontar, voltaremos a caminhar.

Cansados, dormiram.

A revolta marcou a fuga da fazenda. Sabá com os quatro homens, os mais fortes e jovens, desceram cuidadosamente pelo telhado. Sabá afastou-se enquanto os outros silenciosamente aproximaram-se do empregado que fazia a ronda; pego de surpresa, não reagiu. Eles o amordaçaram, amarraram e colocaram-no no tronco. Pegaram sua arma e abriram o portão.

Sabá foi à casa do feitor mau, fez barulho perto da casa dele. O feitor, depois de perguntar quem era e não obter resposta, sarcástico, pensou que era um escravo querendo roubar. Imaginou o castigo que daria a esse negro; ao sair, pediu à mulher que fechasse a porta e não a abrisse até que voltasse, pegou sua arma e saiu, indo para o lado de onde escutara o barulho. Sabá, que estava escondido, deu um pulo atingindo com os pés as costas dele, desarmou-o e puxou tanto o seu braço direito para trás que o quebrou. Aproveitando que o feitor ficou tonto, Sabá, rápido, pegou a faca que estava na cintura dele, puxou sua língua, cortou-a e furou os seus olhos e depois o feriu, rasgando o seu abdômen. Falou somente:

– Esse castigo nem você, feitor, que é muito mau, imaginou.

Rodou com ele para que perdesse o rumo, arrastou-o por alguns metros, deixou-o no chão e pegou suas armas. Sabá correu de volta para a senzala. O feitor, sangrando, sentindo dores terríveis, na completa escuridão e sem conseguir falar, tentou se levantar, mas caía, pois esbarrava nas árvores. Sua mulher escutou um barulho, mas pensou que era o marido que pegara o escravo ladrão e dormiu tranqüila. O feitor arrastou-se, machucando-se mais. A perda de sangue enfraquecera-o tanto que ele entrou em agonia. Morreu cinco horas depois, de madrugada. Esperavam pelo seu desencarne alguns espíritos que queriam vingar-se dele e que acharam pouco o que ele sofreu. Maldades atraem maldades. O feitor, revoltado, sentiu muito ódio dos negros e de Sabá, pois reconheceu a voz do seu assassino. O ódio une; esse feitor e Sabá ainda se odeiam. Ora um é carrasco, ora vítima. Essa situação perdurará até se perdoarem e aprenderem a se querer bem. O feitor recebeu uma parcela da reação das muitas crueldades que fez.

Os escravos fujões saíram da senzala rumo ao rio. Embora tivessem combinado ir em completo silêncio – o grupo era grande, com 52 pessoas – um tossiu, outro pisou em galhos e acabaram fazendo barulho. Dois empregados saíram de suas casas para ver o que era, e Sabá, que sabia atirar, de posse da arma do feitor mau, atirou e os matou. Em seguida, pegou as armas dos empregados mortos, mandou o grupo correr sem se importar com o barulho.

Chegaram ao rio, iam entrar na água, mas Sabá ordenou:

– Com a morte daqueles dois brancos, eles vão saber que fomos para o rio, não precisamos nos atrasar para despistá-los, vamos mais rápido pela trilha.

Andaram ligeiro. De madrugada, chegaram a outra fazenda. Sabá pediu silêncio.

– Vamos libertar esses nossos irmãos. Como ainda não sabem que fugimos, podemos pegá-los de surpresa. O Sol ainda demora a sair, a senzala está iluminada por fora por tochas. Quem quer ir comigo?

Três se apresentaram.

– Vocês continuem caminhando, nós os alcançaremos – ordenou Sabá. – Vamos pegar o vigia, desarmá-lo e amarrá-lo. Abriremos a senzala e os convidaremos a fugir. Quem quiser poderá vir conosco.

A senzala ficava próxima ao rio. Sabá e os três, com cuidado, entraram na fazenda. Foi fácil desarmar o vigia, mas Sabá o matou com uma facada no peito. Pegou suas armas e a chave e abriu o portão, ele entrou e falou:

– Somos fugitivos da fazenda vizinha, estamos seguindo o rio, matamos o vigia. Quem quer vir conosco?

Os negros acordaram assustados e muitos desejosos pela liberdade, levantaram rapidamente para segui-los.

– Venham depressa e em silêncio absoluto. Vamos subir o rio.

Saíram em um grupo de 23 escravos, todos homens e um deles trancou o portão da senzala e explicou:

– Vou trancar e levar a chave para que nenhum dos que ficaram saiam agora e possa nos delatar. Vou jogar a chave no rio, amanhã cedo eles vão demorar mais tempo para abrir e saber da fuga.

Andaram rapidamente e logo se encontraram com os outros.

– Você falou que íamos subir o rio e estamos descendo – disse um escravo.

– Os feitores de manhã vão perguntar para onde fomos e eles dirão que nos ouviram dizer que subiríamos – respondeu Sabá.

– Eles nos acharão logo – disse o escravo já arrependido de ter fugido.

– Não se os enganarmos – disse um outro escravo dessa última fazenda.

Sabá gostou deste outro e perguntou:

– Como você se chama e o que nos sugere?

– Chamo-me Zefo. Conheço bem estas terras. Logo mais encontraremos um bebedouro, onde o gado vai tomar água. Se entrarmos na água fingindo atravessar o rio, nossos rastros se confundirão com os dos animais. Do outro lado, nos dividiremos em vários grupos: uns fingem subir, outros como se fossem em linha reta e alguns como se voltassem. Mas todos voltam, entram no rio e desceremos. Logo mais abaixo existem muitas pedras, subiremos nelas e nos esconderemos até a noite, amanhã continuaremos a descer o rio.

Sabá gostou da sugestão e deu ordens para fazerem o que Zefo falou. Logo encontraram o bebedouro, dividiram-se em grupos, andaram por ali, voltaram ao rio e desceram até as pedras. Escutaram latidos de cães ao longe.

– Já estão no nosso encalço. Vamos nos esconder numa gruta lá em cima – disse Zefo, apontando para uma pedra grande.

Entraram todos na gruta, estavam cansados, molhados e famintos. Dividiram os alimentos que trouxeram e descansaram. Sabá aproximou-se de Zefo.

– Quem já está atrás de nós devem ser os empregados da fazenda de vocês. Estou pensando em enfrentá-los numa emboscada. Você sabe quantos são?

– Devem ser cinco empregados, estão armados e com os oito cães da fazenda, que podem até matar com suas mordidas. São terríveis!

– O dia já está claro – falou Sabá. – Podemos enfrentá-los porque senão eles nos acharão logo. Vamos surpreendê-los. Os brancos não estão acostumados a serem atacados, acham que vão nos capturar, não esperam de nós um enfrentamento. Notei que logo debaixo do bebedouro o rio se estreita e nas margens há muitas árvores. Você, eu e mais alguns homens podemos ir lá, nos esconder e com as armas que temos vamos surpreender e matar os cães e os brancos.

– Se formos pegos como fujões, o castigo será um, mas como assassinos será outro, muito pior – falou Zefo.

– Escravo é escravo e castigo é castigo! – exclamou Sabá. – Para fugir, tivemos de matar em nossa fazenda e matei o vigia de vocês. Eu vou! Não ficarei esperando por eles aqui.

Falou alto o plano dele, todos aprovaram e ele perguntou:

– Quem quer vir comigo? Dividiremos as armas.

Zefo com oito negros disseram que iriam.

– É melhor morrer lutando do que no tronco. Vamos, pode dar certo! – exclamou Zefo.

– Peguem estas armas – ordenou Sabá –, vamos dividi-las. Peguem também um pau. Vamos, depressa! – Virou-se para um amigo dele e pediu: – Você fica e, se não voltarmos, tente à noite descer o rio. Se forem pegos, coloquem a culpa em nós, em mim. Fiquem quietos aqui!

Saíram e, rapidamente, chegaram ao estreito do rio, dividiram-se, uns ficaram de um lado e outros do outro. Não esperaram muito, ouviram os cães latirem perto. Os animais já os haviam farejado. Como uns cães foram para um lado do rio e outros foram para o outro, os empregados que estavam a cavalo dividiram-se também e foram surpreendidos. Receberam pauladas na cabeça, facadas e até tiros. Zefo tinha razão, eram cinco empregados confiantes e armados, com oito cães. Todos foram mortos. Também morreram Zefo, Bibão e outros dois negros.

– Vamos pegar tudo deles – ordenou Sabá. – Vamos levar as roupas, armas e os cavalos. Os mortos ficarão aqui.

Ágeis, montaram os cavalos, desceram o rio e foram para a gruta. Sabá contou com satisfação o ocorrido. Todos ficaram esperançosos.

– Quem de vocês conhece a região? – perguntou Sabá.

– Eu conheço tanto quanto Zefo – respondeu um jovem. – Por aqui não há mais fazendas. Podemos descansar e continuar descendo o rio. Umas horas de caminhada e chegaremos ao outro rio, que é muito grande. Se acharmos umas canoas, podemos descer em segurança.

– Os brancos tinham alimentos que iriam comer mais tarde; pegamos deles e vamos repartir – falou Sabá. – Vamos descansar, mas somente por umas duas horas. Depois voltaremos a caminhar, a descer pelo rio. Se alguém quiser ir para outro lugar, pode. Aconselho, se forem pegos, a dizer que somente eu dei ordens e que desci o rio. Isso evitará que sejam torturados. Os que quiserem poderão ficar aqui, nesta gruta. Acharão alimentos nas árvores; além disso, há peixes e outros animais. Podem também entrar na floresta ou irem pelo outro lado em que não existem fazendas.

Conversaram e dividiram-se em grupos; doze decidiram que entrariam no mato; outros cinco que iriam para o outro lado do rio onde não havia fazendas. Nercio, que queria encontrar sua amada, e achando que o local em que morava antes ficava do outro lado do bebedouro, resolveu sozinho subir o rio até lá, ficar escondido, entrar na fazenda e libertar todos.

– Decidido! – concordou Sabá. – Podem ir e boa sorte! Vamos todos sair da gruta! Eu com estes negros que são guerreiros, que defenderão vocês, iremos a cavalo, para não nos cansarmos, se tivermos de lutar.

O descanso foi rápido, despediram-se e saíram da gruta. Sabá queria mesmo era confundir os perseguidores. Sabia que poucos do grupo conseguiriam de fato fugir. Como os empregados não iam voltar e com o seu sinhô informado da fuga, os dois fazendeiros iriam com certeza contratar capitães-do-mato, pessoas treinadas para persegui-los e muitos morreriam.

"Antes a morte que a escravidão", pensava ele.

Na fazenda, os tiros deixaram todos em alerta, e os outros dois empregados, ao sair de suas casas, viram os negros saírem. Com medo, ficaram quietos. Quando viram que os foragidos afastavam-se, foram chamar o feitor mau e a mulher dele disse que ele saíra atrás de um escravo. Foram à casa-grande e lá tudo estava normal. Os dois não quiseram ir sozinhos atrás dos escravos, então, com cautela foram para o local onde haviam sido dados os tiros e encontraram os dois empregados mortos. Resolveram que um deles iria imediatamente à cidade informar o sinhô. Ele arreou um cavalo e partiu rápido. O outro empregado esperou amanhecer e, quando o Sol despontou, cauteloso andou pela sede, encontrou o feitor mau morto e o vigia amarrado no tronco. Ninha também viu. Ela, então, correu e pediu para os três fugirem e os que não quisessem participar da aventura ficassem quietos na senzala. Os dois empregados aguardavam o sinhô, que veio de tarde, mandou enterrar os mortos e foi à senzala. Lá conversou com os negros que ficaram e eles o informaram que os fugitivos haviam descido o rio.

– Vocês estão me contando tudo. Por quê? – quis saber o sinhô.

– Combinamos isso – respondeu Ninha. – Nós não quisemos fugir, não queremos ser castigados e resolvemos falar tudo o que sabemos. Eles decidiram fugir à noite, subiram no telhado, abriram um buraco, destrancaram o portão e saíram. Escutamos tiros, tivemos medo, mas não voltou ninguém. Soubemos pelo empregado que veio aqui o que aconteceu na fuga.

– Eles falaram para onde iriam? – perguntou o sinhô.

– Que desceriam o rio até encontrar o outro maior – respondeu Ninha.

O sinhô estava com raiva pelo prejuízo que teve com aquela fuga. Olhou para Ninha, não gostava dela, mas sabia que ela era sua irmã e que o pai o fez prometer que a libertaria. Sentiu que eles diziam a verdade e ordenou:

– Já que ficaram, vão trabalhar. Não vou mais fechar o portão nem terão mais vigias. Três de vocês vão para a casa-grande, limpem-na e façam o jantar. Dividam-se, cuidem da horta e dos animais. Por enquanto não vão para a lavoura.

Saiu. No portão da senzala, esperava-o um empregado da fazenda vizinha, que o informou:

– Seus escravos fujões entraram na nossa senzala e libertaram uns negros, mataram o vigia e fugiram descendo o rio. Meu patrão mandou avisá-lo que já mandou cinco homens atrás deles com os nossos cães. Trarão os fujões até amanhã.

– Diga a ele que lhe agradeço.

Saíram conversando. Ninha ficou aflita e sofria antecipadamente pelos castigos que teriam. Mas no outro dia os escravos não retornaram e, à noite, o sinhô foi à fazenda vizinha e foi tranqüilizado por seu amigo.

– Meus homens os trarão de volta. Eles estão armados e com cães.

– Ganhei de presente – falou o sinhô – um negro, Sabá, que fugiu muitas vezes. Ele é o demônio em pessoa! Matou um empregado de forma cruel.

– Usamos de crueldade com eles e quando os negros têm oportunidade agem também de modo cruel. Não se preocupe, não há como estes escravos escaparem.

– Os fujões pegaram as armas dos empregados.

– Eles não sabem usá-las – disse o fazendeiro.

– Acho que Sabá sabe. Depois, eles estão com facas – falou o sinhô.

– Não vejo motivos para nos preocuparmos. Mas se é para tranqüilizá-lo, vou mandar dois empregados atrás dos outros amanhã cedinho.

E, para a surpresa geral, os dois empregados acharam os cadáveres no estreito do rio. Voltaram correndo; então os dois fazendeiros foram à cidade contrataram 20 homens – muitos deles capitães-do-mato – para perseguir os fujões assassinos. Todos os fazendeiros da região foram avisados do acontecido e ficaram atentos.

Nercio subiu pela margem do rio até o bebedouro, atravessou-o e logo viu a fazenda, da qual se aproximou com cuidado.

Não a reconheceu, não era a fazenda em que morara anteriormente. Decepcionado, pensou entristecido: "E agora, o que farei? Separei-me deles, que devem estar longe. É melhor descer o rio tentar alcançá-los".

Mas um empregado viu-o e atirou. Nercio desencarnou com um ferimento no peito.

Os doze que entraram na mata, depois de dois dias caminhando com dificuldades, discutiram e se separaram em dois grupos de seis. Um grupo entrou pela floresta, acharam um bom esconderijo – uma gruta – e não foram capturados. Os outros seis acabaram voltando ao rio, foram pegos e retornaram à fazenda. Os que atravessaram o rio para um lugar que, segundo lhes disseram, não existiam fazendas, caminharam muito e encontraram um pequeno sítio. O dono, um senhor interesseiro, deixou-os ficar. Trabalhariam para ele e, em troca, teriam abrigo e alimentos. Puderam construir suas casas e foram bem tratados em comparação com seus modos de vida anteriores.

O grupo liderado por Sabá desceu o rio, escondendo-se durante o dia e caminhando à noite. Chegaram ao local onde os dois rios se encontravam. Sabá falou:

– Acho que aqui, amigos, teremos de nos separar. Ali estão duas canoas amarradas, vou roubá-las e descer o rio com elas. Escolherei quem irá comigo. Vou sortear dez para ficar com os cavalos, dois para cada animal que irão pela margem. O restante do grupo deve optar por entrar na mata ou descer o rio caminhando pelas margens.

Sabá escolheu quatro homens que sabiam lutar e uma moça para irem com ele. Dividiu as armas, sorteou os que iam ficar com os cavalos. Novamente se dividiram e se despediram.

– Vou aguardar a noite para descer o rio – informou Sabá. – Não façam ruído. Se acharem canoas, roubem-nas e boa sorte.

Os sorteados para irem a cavalo partiram logo. Acabaram se separando. Um deles assassinou o companheiro achando que sozinho teria mais chance. Dos que fugiram a cavalo, somente dois foram capturados. Cinco que caminharam pela margem entraram na mata e semanas depois encontraram um quilombo. Dos que restaram, alguns ou foram mortos ou capturados e, dentre os que voltaram à fazenda, uns foram mortos pelos castigos recebidos, principalmente os da fazenda vizinha.

Com cautela, Sabá e os companheiros escolhidos para irem de canoa aproximaram-se dela e viram uma casinha perto da margem, que era do proprietário. Os escravos fujões entraram lá escondidos; à tardinha pegaram tudo o que acharam que iam precisar e à noite saíram.

– Preparem-se, amigos, para remar, subiremos o rio! – ordenou Sabá.

– Como? Você falou que íamos descer! – exclamou um deles.

– Se alguém deles for capturado, dirão o que sabem, que descemos o rio e ninguém achará que subimos – explicou Sabá.

Três em cada canoa, remaram e subiram o rio. Ao clarear o dia, esconderam-se, descansaram e, ao escurecer, continuaram a remar. Fizeram isso por cinco noites.

– Não vimos ninguém pelo rio – falou Sabá. – Estamos longe, vamos ficar esta noite aqui e descansaremos mais.

Mas, naquela noite, dois deles começaram a discutir, brigaram e um foi morto e o outro ficou muito ferido. No outro dia cedo, Sabá decidiu:

– Vamos enterrá-lo. E você que foi ferido não poderá ir conosco, ficará aqui. Quer que o mate?

– Não, pode deixar – respondeu o ferido.

Furaram uma canoa afundando-a e deixaram o ferido, que desencarnou dois dias depois. Os quatro subiram o rio por mais dois dias, acharam um local muito bonito e resolveram ficar por ali. Fizeram uma casinha e se organizaram. Alimentos ali eram fartos, pescavam e caçavam. Mas Sabá era irrequieto, queria aventura, resolveu deixar os três e partir. Desceu o rio sozinho, passou no local onde os rios se encontravam e continuou descendo até uma vila à margem do rio. Parou e andou pela vila, foi a um local onde vendia de tudo, trocou uma arma por alimentos, quis comer algo com sal. Um capitão-do-mato foi avisado e ele veio ver o negro estranho que estava marcado no rosto como fujão.

Sabá não gostou de ser interrogado e atirou no homem matando-o, mas acabou sendo morto com vários tiros por outros dois brancos. Seu espírito foi levado por desafetos para o umbral.

Os escravos capturados foram devolvidos, castigados, marcados e voltaram para a senzala. Na fazenda, o sinhô não quis castigá-los muito, precisava de trabalhadores. Ninha cuidou deles.

Foi uma experiência ruim. Os que fugiram continuaram com sua vida miserável e os que voltaram sentiram-se mais infelizes ainda.

Como não sabiam quem havia morrido ou conseguido fugir, os que não voltaram o sinhô deu por perdidos. Mas ninguém desconfiou que três deles tomaram outro rumo, indo para as montanhas e não pelo rio.

5

No quilombo

Sentiam frio e a noite estava muito escura. Cansados, dormiram e, quando o Sol despontou, os três, Miguel, Bastião e Cipó, acordaram e resolveram continuar andando às margens do riacho, como Ninha os instruíra.

– Estou com fome, meu estômago dói – queixou-se Cipó.

– Vamos procurar algo para comer – falou Miguel.

E procuraram.

– Podemos comer essas plantas. São amargas, mas nutritivas – disse Miguel.

O gosto era ruim, mas comeram e voltaram a caminhar.

– Ainda bem que temos água! – exclamou Bastião.

À tardinha, encontraram uma árvore frutífera e comeram todos os frutos disponíveis. Acharam perto do riacho um vão entre as pedras e resolveram dormir ali. No outro dia, continuaram subindo a montanha. Meio-dia, o sol estava muito forte, sentiram-se cansados e estavam famintos. Viram uma pedra com abertura e dirigiram-se para lá para descansarem um pouco na sombra. Ao se aproximarem, ouviram um barulho estranho, sentiram medo, pegaram paus e ficaram atentos.

– Vocês são escravos? – alguém perguntou.

Aliviados, viram um negro sentado numa pedra. Eles se apresentaram e informaram que estavam à procura de um quilombo.

– Sei onde fica – falou o negro. – Já estive lá. Chamo-me Zaqueu.

– O que está fazendo aqui? Vive sozinho? Como se alimenta? – perguntou Bastião.

– Sou um fugitivo e estou sozinho. Moro aqui. Tomo água do riacho, como peixes que pesco e alguns animais e alimento-me também de folhas e cascas de árvores.

– Como faz para comer os animais e peixes? Acende fogueiras? – quis Cipó saber.

– Não – respondeu Zaqueu –, fumaças me delatariam. Os brancos viriam ver o que era e eu seria capturado. Como-os crus. Estou machucado, tenho um ferimento na perna, que está inflamado e dói muito. Machuquei-a tempos atrás. Já estava cicatrizando quando me feri novamente.

Bastião e Cipó apiedaram-se dele, mas Miguel não gostou daquele homem. Sentaram perto dele e ficaram conversando. Miguel insistiu com os amigos para voltarem a andar.

– Vamos para o quilombo – disse Miguel. – Você, Zaqueu, não quer ir conosco? Nós o ajudaremos a caminhar e você nos mostrará o caminho.

– Vocês acharão facilmente o caminho – respondeu Zaqueu. – Subam a montanha margeando o riacho até encontrar uma cachoeira. Pelo lado direito da queda d'água é mais fácil subir e, no alto, avistarão o morro chato. Façam esse trajeto durante o dia, pois à noite é fácil se perder. Sigam em direção reta, a vegetação é rasteira com poucas árvores. Eu não vou, obrigado. Estou doente, vou atrasá-los e não quero voltar, não sou bem quisto por lá.

Bastião e Cipó ficaram apreensivos por deixar Zaqueu sozinho, mas como Miguel insistiu, eles partiram.

– Zaqueu vai morrer logo – afirmou Miguel.

– Como sabe? – perguntou Cipó.

– A perna dele está apodrecendo – explicou Miguel –, logo essa podridão se espalhará pelo corpo todo e ele morrerá. Vi uma vez Ninha cuidar de um escravo assim e ele morreu logo.

Andaram bastante, mas estavam esperançosos, pois o quilombo existia mesmo e queriam encontrá-lo. Dormiram numa vala. As noites estavam ficando mais frias. No outro dia, estavam muito famintos. Cipó fez uma armadilha e pegou um pequeno animal e o mataram.

– Temos de comer cru! – disse Cipó.

Bastião e Cipó comeram, Miguel não conseguiu, não gostava de carne e ainda mais crua. Colocou um pedaço na boca e vomitou, afastou-se para não vê-los comendo. Acamparam embaixo do local onde as águas batiam nas pedras. Resolveram continuar subindo o riacho no outro dia cedo.

E assim que o Sol despontou, continuaram a andar e logo viram a cachoeira, escalaram-na, subiram pelas pedras e chegaram no topo da montanha. A paisagem era muito bonita. E para a alegria deles, avistaram o morro chato.

– Acho que, para chegarmos lá, teremos de caminhar por uns três dias – opinou Bastião.

– Vou subir nesta árvore para ver se avisto alguma coisa – disse Cipó.

– Ela é muito alta! – exclamou Bastião.

– Já subi muito em árvores, será fácil – afirmou Cipó.

A árvore era alta, mas com agilidade, Cipó foi subindo e falando o que via.

– É muito linda a visão daqui de cima. Não vejo animais, nem casas ou gente. Vou subir mais um pouco.

– Cuidado, Cipó – pediu Miguel.

Ele estava onde os galhos eram mais finos.

– Vejo fumaça! Daquele lado do morro chato! – apontou Cipó.

O galho quebrou e Cipó caiu. Miguel e Bastião apavorados tentaram socorrê-lo e Cipó, tentando segurar nos galhos, teve seu pescoço furado pela ponta de um galho quebrado. Os dois ampararam-no para que não se estatelasse no chão. Cipó sangrava, colocaram-no deitado, Miguel tirou sua camisa e ia enrolá-la no pescoço dele na tentativa de estancar o sangue.

– Deixe, Miguelo – pediu Cipó, falando devagar e com dificuldade. – Não suje sua roupa! Não tem jeito! Vejo minha mãe sorrindo, ela veio me buscar. Vocês devem ir para onde vi a fumaça!

Cipó fechou os olhos e parou de respirar.

Miguel e Bastião choraram a morte do amigo. Removeram com uns paus a terra, fizeram um buraco, colocaram o corpo de Cipó dentro, cobriram com terra e colocaram pedras. Com isso se atrasaram, já era de tarde.

– Zaqueu nos recomendou que caminhássemos durante o dia. Agora é melhor ficarmos aqui. Pelo menos teremos água – falou Bastião.

– Cipó disse que viu sua mãe morta há tempos, será que isso é possível? – perguntou Miguel.

– Quando estamos à beira da morte, podemos ver coisas estranhas. Cipó viu sua mãe, morreu contente e perto do quilombo. Miguel, estou com fome.

– Vamos buscar nas árvores, talvez achemos alguns frutos.

Encontraram, não deu para se saciarem, mas se sentiram melhor. Encontraram duas pedras que serviram de abrigo e dormiram. Acordaram com o Sol despontando, tomaram bastante água e caminharam rumo ao local onde Cipó apontou haver fumaça. Não pararam, não tinham água, estavam com sede e fome. À noite, deitaram na relva, sentiram muito frio. Miguel achou que ia morrer congelado. O Sol despontou e os dois caminharam depressa. No meio do dia, viram a fumaça. Esperançosos, andaram mais depressa. Era de tarde quando escutaram:

– Parem aí! Quem são vocês?

Disseram os nomes e que eram fugitivos à procura de abrigo. Dois homens negros saíram detrás de umas pedras, examinaram Miguel e Bastião e um deles ofereceu água aos dois, que tomaram saciando a sede.

– Venham por aqui, ajudo vocês, vamos lhes dar alimentos.

Caminharam mais um pouco e chegaram a um concentrado de cabanas.

– Eram mesmo somente dois! – informou o homem que os achara a outros curiosos que os observavam.

As cabanas formavam um círculo e no centro havia uma área coberta onde estavam panelas em que cozinhavam os alimentos e a fumaça que viram provinha daquele fogo. Em instantes, todos os moradores do quilombo ali estavam examinando-os.

– Dê comida a eles, estão famintos! – pediu um senhor.

Os dois comeram. Miguel pensou como era bom saciar a fome, comer algo quente e cozido. Estava escurecendo.

– Como faz frio! Aqui é sempre assim? – perguntou Miguel.

– As noites aqui são sempre frias – respondeu o senhor. – Temos poucos agasalhos, mas dentro das cabanas é mais quente. Você ficará – apontou para Miguel – na cabana de Zefina e você nesta outra. Amanhã vocês nos contam como vieram parar aqui. Mas antes de irem para as cabanas, me respondam: vocês estão sendo perseguidos?

– Não, senhor, ninguém está atrás de nós – falou Miguel.

– Vão descansar! – convidou o senhor.

Miguel entrou na cabana indicada e Zefina o acomodou num canto. Ele sentiu frio, mas bem menos que ao relento.

No outro dia cedo, foram todos para o centro, chamavam assim o meio do círculo, local de encontros e onde se faziam as refeições. Ali tudo era de todos. Miguel e Bastião sentaram-se perto um do outro, em bancos de madeira. Foram servidos e comeram em silêncio. Depois que todos tomaram o desjejum, um senhor, o mais velho, que ali estava falou:

– Vocês dois, Bastião e Miguelo, foram acolhidos ontem, cansados e famintos, receberam alimentos e abrigo. Fugiram da escravidão em busca da liberdade. Para ficarem aqui conosco, têm de seguir nossas normas e talvez não seja esta forma de viver a liberdade com que sonham.

– Se vocês nos aceitarem, queremos ficar – pediu Miguel.

– À noite vocês contam para nós como nos acharam e por que fugiram – disse o senhor. – Chamo-me João, Pai João. Por enquanto, até quando Deus quiser, sou o líder deste local. Os afazeres aqui são divididos, todos se ajudam. Vocês descansem hoje, amanhã vão trabalhar.

– Podemos começar hoje, posso trabalhar e... – manifestou-se Bastião.

– Aqui ninguém discute uma ordem do Pai João – interrompeu uma mulher.

Todos se levantaram. As mulheres foram limpar, varrer e lavar, os homens pegaram ferramentas improvisadas, uns foram buscar água, outros foram para a horta e plantações e alguns foram pescar ou caçar. Bastião e Miguel continuaram sentados sem saber o que fazer. Pai João aproximou-se deles.

– Vocês dois agora vão escutar as normas do lugar. Aqui não gostamos de brigas, os brigões são mandados embora. Somente unidos pela amizade conseguimos e conseguiremos permanecer aqui, onde tudo é de todos e ninguém faz nada sozinho. Têm de se dedicar ao trabalho e ter disciplina. Aviso a vocês que é proibido olhar com interesse para as mulheres comprometidas e aqui, a não ser Zefina, todas têm companheiros. Não gosto de xingamentos ou que falem palavras obscenas. Somos uma grande família e todos devem se respeitar. Gostei de vocês dois e acho que se acostumarão aqui. Com o sol, durante o dia, o clima é agradável, mas à noite esfria durante o ano todo. O que vocês sabem fazer?

– Sei cuidar de animais – respondeu Bastião. – Cortar lenha, acender fogo, cultivar legumes, consertar casas, acho que já fiz um pouco de tudo. Ultimamente trabalhava na lavoura.

– Eu – falou Miguel – trabalhava na lavoura; anos atrás, na horta, e não sei fazer mais nada.

– Aqui aprenderá! – exclamou Pai João sorrindo. – Não se envergonhe, menino, de não saber o que não lhe foi ensinado.

– Não sou menino, sou adulto – corrigiu Miguel.

– É mesmo? Pois parece ser mocinho. Não fiquem incomodados por não fazerem nada hoje. Andem por aí, conversem com os moradores, conheçam o lugar, mas não vão longe.

Miguel e Bastião observaram o local.

– Cada cabana abriga uma família ou grupo – explicou Pai João.

– Vi poucas crianças – comentou Bastião.

– As mulheres têm medo de ter filhos, pela incerteza em que vivemos – elucidou Pai João. – Se este quilombo for invadido, o que será das crianças? Não preciso lhes dizer que ser criança escrava não é fácil. Vou fazer minhas tarefas e vocês fiquem à vontade. Se quiserem tomar banho deve ser durante o dia, com o sol forte, e podem esquentar água.

Pai João entrou na sua cabana, Bastião comentou:

– Nunca tomei banho com água quente, mas aqui entendo esse costume. Um banho à noite e gelado mata o sujeito de frio.

– Vocês se acostumarão com o frio – disse uma negra que passava perto deles.

Bastião e Miguel viram dois homens trazer água com baldes de madeira e foram com eles para buscar água de uma nascente que ficava entre árvores e que descia da montanha. O lugar era lindo e a água gelada. Do lado da nascente, eles plantavam algumas hortaliças, mandioca, milho e feijão. Um moço que, com cuidado, tirava com as mãos as ervas daninhas explicou aos dois:

– Temos poucas variedades cultivadas. Não temos sementes, as plantações que estão aqui foram trazidas, dois dos nossos uma vez desceram e as roubaram das fazendas, mas fazer isso é perigoso.

– Onde pescam? – quis Bastião saber.

– Descendo pela nascente, metros abaixo, as águas se represam formando uma pequena lagoa. Temos peixes, mas não podemos pegá-los sempre, senão acaba. No riacho que viram há peixes, mas o lugar é perigoso. Às vezes vamos lá, pegamos e voltamos rápido. Por essas matas existem animais, caçamos também com atenção na reprodução deles. Os animais que criamos aqui, algumas galinhas, porcos, somente são abatidos quando podemos substituí-los. Das galinhas, pegamos os ovos e, para termos sempre, elas têm de procriar.

Depois que os dois homens levaram água para o centro, trouxeram para a horta.

– Aqui chove pouco, tudo tem de ser regado – explicou o moço.

Foram almoçar, todos juntos sentaram nos bancos e se serviram. Não havia fartura, tudo era repartido de maneira igual. Comeram em silêncio.

– Vocês não usam sal na comida? – perguntou Bastião.

– Não temos sal nem açúcar – respondeu Pai João. – Adoçamos com ervas, mas sal não existe por aqui.

Miguel lembrou da bica d'água da senzala. Muitas vezes ele ajudou Bibão a consertá-la. Não viu nenhum bambu por ali, mas poderiam fazer o escorredouro de madeira ou pedras.

Quando acabaram de comer, Miguel pediu licença e falou:

– Na senzala da fazenda em que eu morava, havia uma bica d'água, que era feita de bambu; a água vinha de longe e abastecia as casas e a senzala.

– Aqui não existe bambu e é arriscado buscá-los lá embaixo – disse um negro.

– Podemos fazer de madeira – afirmou Miguel.

– Como? – perguntaram interessados.

– Pegamos troncos compridos e estreitos – respondeu Miguel – e fazemos um sulco neles. É assim: partimos o tronco ao meio, cavamos tirando o miolo, encaixamos um no outro e teremos água fácil aqui no centro e na horta.

Pai João gostou da idéia, achou que poderia dar certo e ordenou:

– Vamos fazer primeiro com uma árvore e se der certo, puxaremos água para o centro e para horta.

As ferramentas eram poucas e eram usadas com cuidado para que não estragassem. E, à tarde, o entusiasmado Miguel foi com dois homens, Joaquim e José, escolher uma árvore. Desceram a nascente procurando.

– Para lenha, pegamos árvores mortas, galhos secos. Evitamos cortá-las, porque aqui não existem muitas – explicou Joaquim. – Veja, esta parece servir.

Cortaram-na com cuidado, com o único machado que tinham. Tiraram os galhos que serviriam como lenha, levaram o tronco para perto das cabanas. Miguel estava entusiasmado, mas teve de deixá-los porque foi chamado para tomar banho.

A uns vinte passos do centro, havia um local coberto com três divisões para se banharem: um dos homens, o outro das mulheres e o menor das crianças. Embora o sol estivesse forte e a água esquentada, Bastião e Miguel sentiram frio para se banhar. Depois do banho, os dois foram conversar com Joaquim e José, que estavam tentando achar um modo de cortar o tronco no meio. Miguel achou a solução.

– Se pegarmos essas pedras pontiagudas e batermos com elas nos locais escolhidos e marcados, a madeira irá rachar e se abrirá ao meio.

Experimentaram e, para a alegria de todos, o tronco se abriu.

– Para a água chegar aonde queremos, necessitaremos de muita madeira. Aqui existem muitas pedras, acho que podemos usá-las em vez dos troncos – opinou Miguel.

Como era hora do jantar, largaram tudo para fazer o sulco no centro do tronco no outro dia. Todos se alimentaram e Pai João pediu:

– Falem de vocês! Miguel e Bastião, contem-nos como vieram até aqui.

Miguel falou primeiro. Contou desde que fora vendido, separado de sua mãe, sua vida na fazenda e da fuga.

– Vocês acham mesmo que ninguém virá atrás de vocês? – perguntou Onorico.

– Acho – respondeu Miguel. – Fugiram muitos e eles foram para outro lugar, pelo rio.

– Como souberam deste quilombo? – Pai João quis saber.

– Ninha – explicou Miguel – é uma escrava muito bondosa, é meia-irmã do sinhô. Ela ouviu falar que por este lado havia um quilombo e, mesmo sem ter certeza, pediu que fugíssemos para cá. Viemos três, o Cipó, como contei, morreu.

Não tivemos escolha: ou fugíamos – e teríamos uma oportunidade de continuarmos vivos – ou a tortura e a morte viriam com certeza. Pensei até que não existia quilombo nenhum, mas encontramos com um negro, o Zaqueu, que confirmou e nos ensinou a achá-lo.

– Zaqueu?! Ele ainda está por aqui? – espantou-se Pai João.

Todos estavam em silêncio prestando atenção na narrativa do recém-chegado e se espantaram ao ouvirem o nome de Zaqueu.

– Nós encontramos perto do riacho – esclareceu Miguel –, numa abertura de uma pedra grande, um homem que disse chamar-se Zaqueu. Ele está doente, tem uma infecção na perna, que já cheira mal. Pelo pouco que entendo, vai morrer logo. Conversamos com ele e o deixamos lá sozinho. Zaqueu esteve aqui?

– Ele morou no quilombo – respondeu Pai João. – Por anos Zaqueu esteve conosco, mas ele é inquieto, não gostava de trabalhar, estava sempre discutindo e se engraçou com Tobi, mulher direita e companheira. Conversei com ele, aconselhei-o e depois o proibi de se aproximar de Tobi. Zaqueu atacou de traição Dito, o marido dela, e na luta foi ferido na perna. Nós o expulsamos e ele teve de ir embora. Tivemos temor que nos delatasse, mas não quisemos matá-lo, não somos assassinos. Fico mais tranqüilo sabendo que ele ficou escondido e não desceu a montanha nem foi a fazenda alguma.

– Se ele ainda não morreu, deverá falecer logo – disse Bastião, que suspirou e falou de si: – Vivi numa fazenda e o sinhô me deu a um outro que precisava de escravos. Foi então que conheci Miguel, estava bem até que o sinhô viajou; o resto o meu companheiro de fuga já contou. Pai João, nós dois não somos problemas, somos pessoas boas, que queremos viver em paz. Vocês não terão queixas de nós aqui.

– Assim espero! – exclamou Pai João. – Agora vamos orar para depois irmos descansar.

Todos ficaram em silêncio e abaixaram a cabeça. Bastião e Miguel olharam curiosos e ficaram quietos também. Pai João, com voz tranqüila, orou:

– Pai Celeste, nós Lhe agradecemos por mais este dia de trabalho junto de amigos. Estamos com mais dois de Seus filhos e nesta noite pedimos para abençoá-los. Auxilia-nos a senti-Lo dentro de nós, que esta centelha de Seu amor nos ilumine em nossa caminhada. Que possamos dormir em paz! Boa noite!

Bastião e Miguel ficaram emocionados, era a primeira vez que escutavam uma oração. Despediram-se e foram para as cabanas que lhes tinham sido designadas.

Zefina disse a Miguel, quando ele entrou na cabana:

– Ontem, não sei se você lembra, nos apresentamos, mas como conheceu muitas pessoas, acho melhor dizer novamente nossos nomes: chamo-me Zefina e estes são meus filhos: Onofre e Onorico. Não tenho companheiro, sou mulher de todos que não tem esposa. Mas só me deito com eles no mato, longe daqui. Nesta cabana exijo respeito. Entendeu?

– Sim – respondeu Miguel.

Miguel gostou dos dois moços, olhou para Zefina e sentiu um arrepio. Ela era uma mulher jovem ainda, não parecia ser mãe daqueles rapazes, mas sim irmã. Usava os cabelos curtos, tinha o corpo esbelto, lábios grossos, raramente sorria e era bonita.

Miguel deitou-se, a cama deles era um local no chão coberto com folhas; em cima, havia uma esteira de fibras trançadas, cobriam-se com peles de animais. Miguel dormiu e teve um sonho estranho. Sonhou que andava por dentro de uma casa-grande, descia e subia escadas. Era branco e via uma mulher branca, que era Zefina. Acordou de manhã com Zefina chamando-o.

– Você dormiu bem? Teve um sono agitado.

– Tive um sonho estranho. Era branco, andava por uma casa enorme, maior que o quilombo, descia e subia escadas.

– Também sonho com uma casa-grande e que sou branca – disse Zefina. – Talvez tenhamos vivido num lugar assim em outra vida, como Pai João fala.

– Já escutei isso. Você acha possível nossa alma viver um período em muitos corpos diferentes? – perguntou Miguel.

– É consolador! – exclamou Zefina.

Logo após o desjejum, Joaquim, José, Miguel e Bastião foram tirar o miolo do tronco. Usaram pedras para não estragar as ferramentas. À tarde testaram-na e deu certo, a água escorreu por ela.

– Antes de cortar mais árvores – falou Miguel –, vamos conversar com Pai João. Acho que tenho uma idéia melhor.

Foram e Miguel expôs o que planejou:

– Podemos, Pai João, fazer um caminho de pedras para escorrer a água. Aqui tem muita rocha. Se nivelarmos o terreno, enchendo as valetas de terra e pedras, faremos um canal que levará água até o centro e a que não for usada escorrerá deste lado e irá para a horta. Neste ponto, faremos outro escoamento, que aguará as plantações deste outro lado.

– Vamos todos até a nascente e estudaremos essa possibilidade – falou Pai João.

Muitos palpites. Miguel marcou o caminho. Entusiasmados, no outro dia começaram a fazer o canal. Miguel e Bastião passaram a trabalhar bastante.

Dias depois, Miguel, aproveitando um momento que ficou a sós com Joaquim, perguntou:

– O que Zefina quis dizer quando me falou que ela é mulher dos homens sem companheiras?

– Que não é falta de respeito você querê-la. Ela é sozinha, não se envolveu com ninguém e tem relações sexuais com os que querem. Age assim para o bem de todos e para não haver brigas. Zefina é boa pessoa.

Miguel ficou pensativo. Na senzala, havia muitos casais e eles não gostavam de ser traídos. Quase sempre infidelidade resultava em separações. Ele nunca vira ou soubera que uma mulher procedesse como Zefina.

"Será que é errado ela proceder desse modo?", pensou.

Joaquim pareceu adivinhar seus pensamentos e informou:

– Sexo é algo forte nas pessoas e por esse instinto fazem muitas coisas erradas, até maldades. Sabemos porque vimos ou escutamos falar de muitos estupros. Aqui moram mais homens do que mulheres e, para não haver confusão, Zefina fica com os que não têm companheiras. Ela é viúva e não tem mais filhos. Não tem compromisso com ninguém. Todos entendem seu gesto e a respeitam. Neste quilombo tivemos somente um desentendimento cujo motivo foi o sexo: com o Zaqueu, que se apaixonou por Tobi. Zefina, procedendo assim, contribui para vivermos em paz.

Miguel continuou tendo sonhos estranhos. Sonhava com a casa enorme, com Zefina e que ambos eram brancos.

Todas as noites, antes de se recolherem às cabanas para dormir, Pai João fazia orações muito bonitas. E, numa noite, Miguel ao escutar uma linda prece que o líder do quilombo fez agradecendo a Deus por ter dado ao homem as belezas da natureza, ele perguntou:

– O senhor reza igual aos brancos? São dirigidas para o mesmo Deus? Ou nós, negros, temos outro?

– A maioria dos brancos decora orações – respondeu Pai João. – Quando eu vivia entre eles, escutei-os orar muitas vezes, mas não conseguia aprender. Passei então a falar com Deus. Faço orações com sentimento, digo o que sinto. Miguelo, Deus é o princípio de tudo, tenho certeza de que Ele não é uma pessoa, é uma luz imensa. Existe somente um Ser supremo. Deus é Pai-Mãe-Criador, criou as estrelas, o Sol, a Terra, nós, tudo, tudo... Nossa alma é luz que veste muitos corpos e vivemos muitas vezes, ora de um jeito, ora do outro até que a luz dentro de nós se fortaleça e se purifique.

Miguel sentiu vontade de orar em voz alta, como aquele senhor bondoso e simpático que merecidamente era o líder, mas, envergonhado, ficou quieto. Bastião, curioso, perguntou:

– Pai João, por que o senhor veio para cá? O que o levou a fugir?

O bondoso preto velho suspirou, ficou pensativo por instantes e depois falou:

– Eu morava numa fazenda grande, minha mãe servia a casa-grande, era excelente cozinheira e, por isso, tinha algumas regalias. Cresci nas redondezas da sede e, pequeno, realizava algumas tarefas, ajudando minha mãezinha. Interessei-me desde menino pelos santos e pelas orações. Uma vez, a sinhazinha, uma garotinha de oito anos, estava com muita dor de cabeça, chorava baixinho, ela sentia sempre esses mal-estares. Eu orei por ela, coloquei as mãos em sua cabeça e a sinhazinha sentiu-se bem. A menina agradeceu e, quando sentia dor, me chamava e melhorava. Minha proeza se espalhou e passei a ser requisitado para fazer isso e, na maioria das vezes, dava certo, curava as dores dos escravos e senhores.

"Com 18 anos, arrumei uma companheira e tivemos um filho. Trabalhava fazendo serviços da casa, era poupado para orar quando necessário. Não entendia o que acontecia comigo, orava, pedia a Deus que aliviasse o doente, sentia sair algo de mim e ir para o enfermo. Às vezes pegava galhos de plantas que, ao passar na pessoa que era benzida, murchavam no mesmo momento. O meu dono tinha quatro filhas e um filho, um menino de três anos, que ficou doente e fui chamado para benzê-lo.

O menino não melhorou e, no outro dia, o sinhô me pressionou, tinha de curar seu filho. Mas mesmo com todo o meu esforço, a doença do menino piorou. O sinhô, então, pegou meu filho de oito meses e determinou: 'Se você não curar meu filho e ele morrer, o seu também morre'. Desesperei-me e minha companheira disse: 'João, cure o sinhozinho, se você não o fizer e nosso menino morrer, largo de você'. Aí que não deu certo mesmo. Implorei a Deus como nunca fizera antes, fiquei sem me alimentar e dormir, fiquei horas seguidas fazendo orações.

O menino morreu, o sinhô mandou matar meu filho, minha companheira não me quis mais, minha mãe faleceu dois meses depois e fui para a senzala trabalhar na lavoura. Estava muito triste e não orei mais. Cinco meses se passaram e quando alguém me pedia para orar, recusava-me dizendo que perdera o dom de curar. Encurtava conversas, respondia com monossílabos e trabalhava bastante.

Um dia, antes de nos servir o alimento do meio-dia, o feitor pegou um escravo roubando comida e começou a chicoteá-lo. Interferi, fiquei na frente e recebi algumas chicotadas, consegui instintivamente pegar o chicote e puxei. O feitor caiu do cavalo, desmaiou, o negro que estava sendo castigado correu e eu montei no cavalo e galopei. Deixei o animal me levar, ele subiu a montanha. Cavalguei a tarde toda, e a noite estava clara com uma linda lua cheia. Encontrei um riacho e segui pelas suas margens. De madrugada resolvi parar e descansar. Quando acordei, não encontrei o cavalo, que certamente voltara para a fazenda. Resolvi continuar subindo a montanha margeando o riacho e, da cachoeira, vi este morro e vim para cá. Encontrei no vale quatro negros que também estavam fugindo. Viemos para cá e fizemos este quilombo, que foi aumentado com a chegada de mais fugitivos. Não sei determinar quanto tempo estou aqui, calculo que por uns 40 anos."

– Quando o senhor voltou a orar? – perguntou Bastião. – Escutamos todas as noites suas lindas orações.

– Quando cheguei aqui – respondeu Pai João –, pensei muito e compreendi que Deus me deu o dom de ajudar as pessoas, mas somente auxiliar, não mudar os desígnios Dele. O sinhozinho nasceu para viver por pouco tempo e, se tivesse conseguido curá-lo, talvez tudo se complicasse. O sinhô iria me oferecer aos amigos e nem todas as respostas das orações é a que queremos no momento. Ninguém pode interferir em fatos que estão marcados. Doenças e dores são, na maioria das vezes, reações a atitudes ruins que se faz. Se isso aconteceu comigo foi para que aprendesse que orações são poderosas, têm força, mas que eu não poderia anular reações de outras pessoas. Voltei a orar, a ajudar como posso e aconselho a todos a amar, a respeitar para ter paz.

Miguel ficou encantado com o que ouviu e pediu:

– Por favor, o senhor poderia me ensinar a orar, a compreender Deus e a viver em paz comigo mesmo?

– Vou ensiná-lo, um pouquinho de cada vez, pois temos tempo – afirmou Pai João sorrindo.

O canal deu muito trabalho, houve locais em que tiveram de tirar terra; em outros, colocá-la e calçaram-no de pedras.

Teve até inauguração. À tarde, todos foram para a nascente e tiraram as pedras que estavam impedindo a água de correr. Deu certo. Uma quantidade – somente o que acharam ser suficiente – escorreu e o restante continuou seu curso. Deram vivas! O primeiro canal passava pelo centro das cabanas, descia pela horta e terminava no meio da plantação de feijão. Todos foram ver o que ia acontecer com a água depois que o calçamento terminasse. Ela se esparramou, depois achou um caminho, uma pequena vala e desceu o morro. Fizeram alguns acertos e no outro dia começaram o outro, que saía do meio do primeiro e ia para a horta do outro lado. Esta segunda escoação tinha abertura no primeiro canal, que podia ser aberta e fechada. Foi um sucesso, que facilitou a vida de todos. Com o tempo, viram que essa irrigação foi importante, pois tiveram fartas colheitas.

Miguel e Bastião estavam gostando de viver ali. Como Miguel sentia bastante frio, pensou muito e, achando que tinha encontrado a solução, foi conversar com Pai João.

– Se fizermos um fogão pequeno dentro das cabanas e se o acendêssemos à noite, o fogo nos aqueceria.

– Fogo faz fumaça que sufoca e faz mal – disse Pai João.

– Ninguém vê fumaça à noite. Bastião, Cipó e eu vimos a fumaça da montanha da cachoeira. Poderíamos cozinhar alimentos que demoram mais para cozinhar à noite. Devemos fazer nas cabanas chaminés iguais às das casas-grandes das fazendas.

– Você sabe fazer chaminé? – perguntou o líder do quilombo.

– Vi escravos fazerem na fazenda, mas não prestei atenção, acho que Bastião sabe, talvez alguém daqui saiba – respondeu Miguel.

– Não podemos cortar muitas árvores – opinou Pai João.

– Podemos usar mais galhos, palhas no fogão grande e deixar os carvões nas cabanas. Carvão aquece e ainda pega fogo.

Naquela noite conversaram muito, trocaram informações e resolveram tentar colocar chaminé numa cabana para ver se dava certo. Foram dias de tentativas até que funcionou. Puderam, então, colocar fogo em fogões nas cabanas, a fumaça saía por uma espécie de chaminé. O fogo, além de cozinhar alimentos, esquentava as cabanas e ninguém sentia mais frio. O fogo somente era aceso durante o dia para esquentar alimentos e a água para os banhos. Quando tudo ficou pronto, Pai João elogiou:

– Miguelo, você é inteligente!

Uma tarde, Miguel chamou Zefina para ir ao mato. Chegando lá, ficou sem saber o que fazer.

– Você já esteve com uma mulher? – perguntou ela.

– Não!

– Ensino você!

E os dois passaram a ter regularmente esses encontros. Miguel não sabia explicar o que sentia por Zefina, gostava dela não como gostou de Isabel-Lúcida. Admirava-a e queria que ela fosse a sua mãe. Zefina também gostava dele, mais do que de seus filhos, não era sentimento que se sente por companheiros, era diferente.

Uma vez, Miguel perguntou a ela:

– Zefina, você é nova, porque não fica mais grávida?

– Tive somente Onofre e Onorico e o pai deles foi um companheiro que tive de muitos anos. Meus dois partos foram difíceis, senti muitas dores e não quis mais ter filhos porque também não queria vê-los sofrendo como escravos. Aprendemos com as índias que moravam numa tribo perto da fazenda a tomar chás para evitar a gravidez. Também aprendemos com elas que mulheres também tinham período fértil, que era entre as menstruações. Se não tivéssemos relações sexuais nesses dias, uns antes e outros depois, dificilmente ficaríamos grávidas. Cultivamos as plantas na horta da fazenda. Mesmo tomando o chá e evitando nos dias férteis, pode-se ficar grávida e aí, se não quisermos mesmo ter o filho, podíamos tomar as ervas abortivas.

"Quando vim para cá, encontrei as ervas que evitam gravidez e as cultivamos. Todas as mulheres aqui no quilombo tomam e as crianças que aqui estão foram das poucas vezes que não deram certo. Não aconselho ninguém a tomar chás das plantas abortivas, porque o aborto acontece com forte hemorragia. Passei a tomar o chá preventivo logo depois de Onorico ter nascido e evitar nos dias férteis. Ainda tomo o chá preventivo, mas não tenho mais menstruações; pela minha idade, não fico mais grávida."

Zefina quietou por instantes e depois falou mais para si mesma, embora Miguel prestasse atenção.

– A natureza é equilibrada, as fêmeas dos animais têm o cio, cruzam para se reproduzir. O sexo então é para reproduzir, ter filhotes para a continuação das espécies. Conosco, os humanos, não era para ser diferente, mas o sexo é uma necessidade, principalmente para os homens. Acho que é errado abortar, impedir um espírito de viver no corpo físico, mesmo como escravo. Eu nunca abortei. Não quero errar nesta vida, mas não sei se estou errando.

Miguel que a olhava atento, sem entender o que ela dizia, comentou:

– Você, Zefina, fala difícil. Não a entendo!

– Sou diferente! – exclamou Zefina. – Você não deve estranhar. Pode ser que eu, querendo fazer o bem, não esteja fazendo.

– Como veio para cá? Por que fugiu? – perguntou Miguel mudando de assunto.

– Na fazenda em que nasci e cresci éramos bem tratados. Trabalhávamos, mas tínhamos folga uma vez por semana, podíamos fazer festas e não havia fugas. O castigo era ficar sem prêmios, festas ou folgas. Os prêmios também eram roupas, enfeites, utensílios domésticos e para os que gostavam: aguardente. Na fazenda, cultivava-se cana; com ela moída se fazia o açúcar. Havia também um alambique em que se fazia a aguardente. Você sabe o que é aguardente?

– Não – respondeu Miguel.

– É um líquido que parece água, mas que ao tomar arde, é muito forte. Acho que é por isso que se chama assim: é uma água que arde. Ela é conhecida por outros nomes: cachaça, pinga etc. E foi por essa bebida maldita que tivemos de sair da fazenda.

– Por que você a chama de maldita? – Miguel quis saber.

– Ela – respondeu Zefina – deixa as pessoas que a tomam tontas, alegres, estranhas ou violentas. Uns ficam como bobos; outros fazem gracinhas iguais a macacos; outros caem pelo chão, parecendo porcos. Muitos escravos gostavam porque quando você toma, suaviza dores, fica alheio à realidade. O sinhô percebeu que os escravos que a tomavam trabalhavam mais e passou a dar a bebida como prêmio para os que gostavam. Só que ela vicia e o viciado quer sempre mais e depois de um tempo fica doente. Meu companheiro se viciou e não conseguia mais ficar sem ela.

"Uma noite ele bebeu muito, esqueceu uma barrica aberta e toda a cachaça que estava nela vazou. Embriagado, dormiu pelo chão. Quando acordou, ainda estava escuro, viu a barrica vazia e, com medo, me buscou na nossa casinha, e, com nossos dois filhos, fugimos numa carroça onde estavam algumas ferramentas. Saímos fácil da fazenda, porque os empregados acharam que ele levantara cedo para fazer alguma entrega.

Nós sabíamos, por ter ouvido falar, que atrás da montanha havia um quilombo, mas ninguém sabia se era verdade ou não. Resolvemos subir a montanha, viajamos o dia todo e à noite encontramos o riacho. Não deu mais para seguir de carroça, então a escondemos entre as pedras e continuamos a subir a cavalo até a cachoeira. Deixamos o cavalo solto, ali havia alimento e água para ele e escalamos a queda d'água. Encontramos o quilombo, fomos aceitos e ficamos. Dias depois, meu companheiro e outros homens foram buscar a carroça, desmontaram-na e a trouxeram com as ferramentas; também trouxeram dois cavalos. As ferramentas nos foram e ainda são muito úteis. Eu gostava mais de morar na fazenda do que aqui. No quilombo se vive com mais dificuldades. Tenho muita vontade de comer alimentos com sal. Eu trabalhava na fazenda, trabalho no quilombo, acho que não se pode viver sem trabalhar. Aqui estamos entre amigos, mas temos medo de que nos encontrem; lá tínhamos sempre receio de sermos vendidos e separados. Acho que não existe dor pior que ser separado daqueles que amamos e nunca mais saber deles, se estão vivos ou não."

Zefina fez uma pausa para enxugar as lágrimas que escorriam pelo rosto.

– O que aconteceu com o seu companheiro? – perguntou Miguel, curioso.

– Ele sentia muita falta daquela bebida e sofreu por isso. Ficou doente, Pai João diz que a cachaça faz muito mal, estraga nossos órgãos por dentro. Pai João e eu cuidamos dele, mas ele foi piorando e morreu.

– Você acha que o sinhô é culpado por ter deixado que bebessem e eles ficarem viciados e doentes?

– Acho que o sinhô não sabia que aguardente fazia mal – respondeu Zefina. – Não eram todos os escravos que tomavam, muitos não gostavam. Eu não gosto, tem gosto ruim.

– Você não tem vontade de voltar para a fazenda? – Miguel quis saber.

– Não, meus filhos gostam daqui. Depois sabemos que houve por lá muitas mudanças. O sinhô morreu e os herdeiros dele não são muito bons. Soubemos também que os escravos que se embriagam dão problemas, que agora existe castigo e que são presos na senzala.

Voltaram aos seus afazeres. Miguel gostava muito do quilombo e fez amizade com todos, mas seus amigos mesmo eram Joaquim, José, Onorico, Dito e Bastião. O fogo dentro das cabanas aquecia-os, não sentiram mais frio e tornou-se fácil abastecer-se de água. Mas o que Miguel gostava mesmo era de escutar Pai João falar de Deus. Quando ele contava a história de Jesus, emocionava-se e às vezes chorava. Pai João contava o que ouvira dos seus senhores quando morou na fazenda. Eram somente alguns episódios e ele gostava de narrar a crucificação.

– Por que, Pai João, falam que Jesus sofreu, morreu para nos salvar e as pessoas continuam fazendo maldades? – quis Miguel saber.

– Acho que a salvação que Jesus falou é: quem seguir seus ensinamentos é salvo – opinou o líder do quilombo.

– Será que nós O estamos seguindo? Nem sabemos direito quais são – falou Miguel.

– Acho que – explicou Pai João – nós não temos os conhecimentos, mas nosso espírito sabe o que é certo ou errado. Temos por meta não fazer maldades e praticar o bem. Alguns seguem essa meta, reforçada pelos ensinamentos de Jesus, outros não. Os que a seguem são salvos e os que ainda não a coloca em prática, voltam e tentam de novo.

– Salvos do que ou de quem? – perguntou Miguel.

– Acho que é salvo de si mesmo, da escravidão, das maldades.

– O que é então ser livre? Ter liberdade? – indagou-lhe Miguel querendo aprender.

– Não sei – respondeu Pai João. – Para mim, que fui, sou escravo, achava que não ser cativo era ser livre. Mas os brancos são presos a muitas coisas. Acho que somente se é livre pelo pensamento, pelo espírito. Se uma pessoa é ligada com o sentimento de posse a outra ou a coisas, ele não tem liberdade. Não consigo entender bem o que é ser livre. Queria que alguém me explicasse isso, acho que, quando este corpo morrer, meu espírito irá viver em outro local e lá encontrarei entendimento sobre esse assunto.

E Miguel ia sempre dormir pensando no que escutava.

Na manhã seguinte, acordaram com José informando:

– Jerônimo morreu!

Todos se levantaram e foram rápido para o centro. Jerônimo estava idoso, ultimamente queixava-se de dores por todo o corpo e fazia uns cinco dias que se encontrava acamado. Miguel ficou curioso para saber como e onde enterravam os mortos no quilombo. Não tinha visto cruzes pela região. Ficaram em pé, quietos, ninguém chorou, embora estivessem tristes. Colocaram o corpo dele no meio da cabana em que morava. Pai João com dois moradores limparam-no, trocaram suas roupas e oraram.

– Vamos orar o dia todo – explicou Joaquim a Miguel e Bastião. – Formamos grupos e fazemos vigília para rezar. Agora vou com Dito fazer uma cova, enterramos nossos mortos embaixo daquelas árvores. Jerônimo escolheu o lugar, entre aquelas duas. Não colocamos nada para indicar o lugar, a marca é a saudade que deve ficar em nós. Se vocês quiserem, fiquem por aqui para saber como Pai João ajuda os que deixam o corpo morto e passam a viver em espírito.

Curiosos, Miguel e Bastião ficaram observando tudo. Grupos se formaram e começaram a orar. Bastião perguntou a Zefina por que ninguém chorava e ela respondeu:

– Jerônimo teve de partir. Quando este corpo morre, o espírito tem de ir, então melhor é que vá feliz, recebendo demonstrações de carinho. Este momento é importante para a alma que vai para o Além. Em despedidas assim, às vezes, alguém chora, mas é um choro que expressa somente a dor da separação temporária e não de revolta.

Quando Pai João e os mais velhos foram fazer suas vigílias, o líder dos quilombolas falou emocionado:

– Jerônimo, você já deve ter entendido, meu amigo, que seu corpo carnal morreu e que agora viverá em espírito. Deve ir embora daqui para o lugar onde moram os espíritos. Vá em paz! Que Deus o abençoe! Nós, seus amigos, sentiremos sua falta, mas nos consolamos ao saber que você ficará bem.

Acendeu o fogo e queimou ervas. O aroma agradável permaneceu até a hora em que levaram o corpo. Colocaram-no na cova aberta e cobriram-na de terra.

– Ele entendeu, Pai João? Ele foi embora? – perguntou José.

– Sim, ele partiu tranqüilo. Jeremias, nosso protetor, veio buscá-lo e nosso amigo Jerônimo foi com ele.

Miguel ficou curioso e perguntou a José:

– Quem é Jeremias?

– Não conheci Jeremias, ele é um espírito que nos visita sempre, é um amigo espiritual de Pai João. Quando alguém de nós morre, Pai João chama por ele, que vem e ajuda o recém-desencarnado a ir para onde merece. Como Jerônimo foi uma boa pessoa, deve ter ido para um lugar muito bonito.

– Que será que ele irá fazer lá, no Além? – perguntou Miguel.

– Continuar vivendo – respondeu José. – Ficará sadio, aprenderá muitas coisas e ajudará as pessoas.

– Será que ele aprenderá a ler e a escrever? – Miguel quis saber.

– Se for útil e se Jerônimo quiser, aprenderá.

– Pois eu, quando morrer, quero aprender a ler e escrever – afirmou Miguel.

E Miguel aproveitou para aprender com todos o que cada um sabia fazer. Aprendeu a acender fogo, a caçar, a pescar, a cultivar, a cuidar dos animais, a cozinhar e com Zefina e Pai João a fazer chás, compressas e orar benzendo. E os anos passaram...

6
A tragédia

Miguel e Bastião estavam felizes morando no quilombo e ninguém soube ou desconfiou de que Bastião era castrado.

Uma tarde, Miguel estava perto de Joaquim e José fazendo a manutenção dos canais quando escutaram um assobio. Olharam para o local de onde veio o barulho e alguns galhos das árvores balançaram sem que houvesse vento. Na frente deles surgiu um redemoinho que levantou poeira. As aves debandaram assustadas.

– É alguma coisa ruim! Vamos avisar Pai João! Corram! – exclamou José assustado.

Como os dois correram, Miguel foi atrás, embora estivesse muito curioso e quisesse continuar vendo o que ia acontecer.

Na frente da cabana de Pai João já estavam duas mulheres chamando-o.

– Pai João, algo estranho está acontecendo – explicou uma delas falando rápido. – Estávamos lavando roupas quando jogaram água em nós e escutamos uma risada.

Pai João saiu tranqüilamente e pediu para terem calma e falar um de cada vez. Todos os moradores em instantes se agruparam querendo falar o que tinham visto ou para saber o que acontecia. Uns estavam com medo; outros, curiosos. Pai João olhou para onde estava o redemoinho que girava devagar fora do círculo das cabanas como se fosse observado.

– Vou lá perto – falou o líder do lugar. – Vocês fiquem orando. Alguém quer ir comigo?

Zefina deu um passo adiante e empurrou Miguel, que somente percebeu quando lhe deram passagem. Ele olhou para ela, que lhe explicou baixinho:

– Você não quer aprender? Esta é uma oportunidade!

Pai João saiu do círculo andando devagar, Miguel e Zefina do lado dele um pouco atrás. Miguel apavorou-se porque, quando se aproximaram, ele viu um ser estranho no meio do redemoinho.

– O que você quer aqui? – perguntou Pai João com calma como se aquele ser fosse um dos seus amigos.

– *Quero ficar aqui! Gostei do lugar!* – respondeu uma estranha figura.

Miguel viu-o: era uma mistura de animal com homem, do peito para baixo parecia um cavalo, tinha braços peludos, barba e cabelos avermelhados[7]. Enfeitava sua cabeça uma coroa de flores. Sabendo que estava sendo observado, riu.

– Não, meu amigo, aqui você não pode ficar – falou Pai João.

– *Posso ajudá-los!* – exclamou o ser.

– Agradecemos, mas recusamos, não o queremos aqui – determinou o líder do quilombo.

– *Você não sabe com quem está lidando? Posso acabar com você, seu velho inútil!* – ameaçou aquela criatura que falava dentro do redemoinho.

– Não tememos suas ameaças e você não pode acabar comigo. Peço-lhe, vá embora e não volte!

– *Não vou!* – gritou o espectro.

Mas ficou atento observando tudo com atenção. Pai João fez uns riscos no chão, depois ergueu a cabeça e orou:

– Deus, nosso Pai Amoroso, peço-lhe que nos oriente. A mim, para que possa encaminhar este Seu filho perdido. E a ele para que possa encontrar um lugar onde receberá orientação.

Depois levantou as mãos e, em seguida, dirigiu-as para o espírito que recebeu um jato de luz que o tonteou.

– Criatura perdida! Se não atendeu ao meu pedido, ordeno: vá daqui e não volte! – exclamou Pai João.

---

7. Espíritos desencarnados que se detêm no mal podem assumir a forma perispiritual de um animal. Para saber mais, leia o capítulo 5, "Operações seletivas", de *Libertação* (Rio de Janeiro: Federação Espírita Brasileira), do Espírito André Luiz, psicografia de Francisco Cândido Xavier. (N.E.)

Uma claridade veio, pegou-o e sumiram. Pai João virou-se e voltou para o centro e disse a todos os que permaneceram parados observando:

– Vamos orar agradecendo a Deus a ajuda que recebemos e por esse espírito para que queira e receba a paz de que necessita.

Oraram, e o líder dos quilombolas pediu:

– Voltem aos seus afazeres!

– Pai João, por favor, posso conversar com o senhor – rogou Miguel.

– Você é curioso, mas se é para aprender, pergunte o que quiser.

– Quem era aquele ser? Por que eu o escutei e vi? O que era a luz? Por que ele não conseguiu entrar no círculo das cabanas?

– Quantas perguntas! – exclamou Pai João rindo. – Vou responder uma de cada vez. Aquele ser era um espírito perdido, de um homem que morreu e ficou vagando. Muitas pessoas morrem e não merecem ir para um bom lugar e ficam por aqui, vagando por este mundo tão grande. E por muitos motivos eles podem modificar sua aparência.[8] Às vezes eles o fazem porque querem, ou alguém os modifica para castigá-los. Jeremias uma vez me explicou que o espírito utiliza-se de um corpo, assim

8. O espírito pode assumir a forma perispiritual que lhe convier, conforme esclarece a questão 95 de *O Livro dos Espíritos* de Allan Kardec: "*O envoltório semimaterial do Espírito tem formas determinadas e pode ser perceptível?* – Sim, tem a forma que lhe convém. É assim que se apresenta algumas vezes, nos sonhos, ou quando estais acordados, podendo tomar uma forma visível e até mesmo palpável". (N.E.)

como nós, que vestimos roupas. E quando este corpo morre, pode ser modificado. Senti que esse espírito se modificou para chamar atenção. Quando orei, pedi a Jeremias, um espírito bom que trabalha ajudando em nome de Deus, para me ajudar a orientar aquele ser. A luz que viu era ele, que levou o espírito daqui. Jeremias vai conversar com esse espírito e somente a ele caberá aceitar a ajuda oferecida; se ele não quiser auxílio, ficará vagando, mas, com certeza, não voltará aqui. Fechamos com orações e riscos o círculo onde estão nossas moradias para que não entre nenhum espírito mal-intencionado. Todos aqui ouviram o assobio, as risadas e viram o redemoinho porque esse espírito, usando fluidos da natureza e o nosso, conseguiu materializar-se. Você o viu e o ouviu porque tem dom para isso. Todos nós possuímos esse dom, mas em algumas pessoas esse dom é mais forte e conseguem essa proeza.

– O senhor não sentiu medo? Ele o ameaçou! – exclamou Miguel.

– Se todas as ameaças se concretizassem... Não senti medo! Aquele espírito é um ser criado por Deus, como eu. Quando vejo um ser assim, amo-o, envio a ele esse sentimento. O amor é uma energia poderosa! Ninguém deve temer as ameaças que recebem de espíritos perturbados. Se eles podem, nós também podemos, se eles querem, nós também podemos querer, se odeiam, devemos amar e o bem sempre vence. E se não sentimos medo, esse diálogo se torna mais fácil. Não sinta medo, Miguel, ao ver um ser espiritual, pois ele é como você, só que vive de outro modo. E este corpo – bateu as mãos em suas pernas – nos serve de couraça. É, podemos repelir a energia negativa e ajudar espíritos maldosos e sofredores enviando a eles energias benéficas que conseguimos com a harmonia dos bons atos, oração e amor. Agora vou descansar, estou cansado.

Miguel agradeceu-lhe e foi procurar Zefina.

– Zefina, você também viu a luz? Conseguiu enxergar o ser estranho dentro do redemoinho?

– Vi sim, vejo sempre pessoas que morreram. Quando Jerônimo morreu, o vi em pé observando limparem seu corpo e escutando as orações e o que Pai João lhe falou. Logo depois vi Jeremias, um espírito lindo, um negro sorridente, que se aproximou de Jerônimo devagar, abraçou-o, conversaram por minutos e depois partiram voando tranqüilamente. Vi por umas três vezes meu companheiro e também já conversei com minha mãe e amigos.

– Não sentiu medo? – Miguel curioso quis saber.

– Já senti – respondeu Zefina. – Depois que entendi que eram somente os espíritos deles que continuavam vivendo, porque o espírito não morre, não senti mais medo. Quando os vejo, converso com eles, mas não gosto que fiquem comigo por muito tempo. Espíritos têm de ir morar em outros lugares que lhes são próprios.

– Não quero ver mais nenhum espírito! – exclamou Miguel.

– Não depende de nossa vontade ver ou não ver. Se você consegue enxergá-los e ouvi-los, encontre um jeito de ajudá-los, porque não estará vendo sem uma causa.

– Por que o Pai João riscou o chão?

– Cada risco e ponto significam algo muito importante – explicou Zefina. – Nossos ancestrais na África usavam muito desse recurso. Talvez eles usem ainda. Sabendo fazer, com os riscos podemos prender espíritos em determinados lugares e impedir de entrarem em outros. Embora a força da oração e do pensamento surtam o mesmo efeito, nós aqui ainda necessitamos de fatos externos, como riscar o chão, para mentalizar energias. Pai João e eu estamos sempre refazendo os riscos em volta das cabanas. Tem dado certo, tanto que esse espírito maldoso não conseguiu entrar. Pai João fez os riscos quando foi conversar com ele mais para mostrar que sabia como enfrentá-lo e que tinha forças para tal. Se quiser aprender, posso ensiná-lo. Verá como são bonitos todos estes símbolos.

– Quero aprender sim, embora ache que não irei usá-los – respondeu Miguel.

– Por que não?

– Com você e Pai João aqui, não precisarei fazer nada disso.

– Por agora não. Mas no futuro como saberemos? Quem sabe faz! – afirmou Zefina.

Miguel aprendeu e não viu mais nada de estranho e sobrenatural.

Bastião gostava de caçar e saía sozinho ou acompanhado pela região e voltava dois, três dias depois, sempre com uma caça. Entusiasmado, dizia sempre:

– Existem muitos lugares bonitos por esta região, flores encantadoras, aves belas, a natureza é maravilhosa. Deus fez tudo muito bem-feito!

E um dia alertou:

– Pai João, ando bastante, vou longe e por toda a redondeza avisto o morro chato onde está o nosso quilombo. Será que não devemos mudar, ir para outro local sem tanta referência?

– Abandonar aqui? Deixar tudo? – perguntou Jussara.

– Vivemos neste lugar há muitos anos e nenhum branco veio aqui. Não quero ir embora! – manifestou Dito.

Ninguém queria sair dali. Tobi contou:

– Sonhei com minha mãe, ela me pediu para mudar em paz.

– Sonhos são sonhos! Sonho sempre que estou voando! – exclamou Joaquim.

Miguel se lembrou dos seus sonhos, que ele tinha sempre, a casa-grande e a moça branca, mas não falou nada.

– Pai João, o senhor podia jogar as pedras e ver o que elas nos indicam – pediu Joaquim.

– Já olhei – falou Pai João – e elas afirmaram que este local sobreviverá por muitos anos.

– E também que haverá transformações – falou Jussara.

– Tudo muda! Vou jogar as pedras na lua cheia – determinou Pai João.

Conversaram e decidiram que permaneceriam ali. Miguel gostava dali e não queria se mudar. Já fazia 12 anos que residia no quilombo. Quando ficou a sós com Zefina, perguntou:

– Você quer ir embora daqui? Acha que os brancos podem nos achar?

– Nada dura para sempre! Os proprietários de escravos gostam de capturá-los, querem sempre mais gente para trabalhar para eles – e de graça. Sempre houve exploração e certamente haverá por muito tempo. Não sei se quero mudar, mas chegará um dia em que terei de ir embora daqui. Sinto, Miguelo, que não viverei muito.

– Será que seremos todos mortos? – perguntou Miguel triste.

– Sinto que você viverá ainda muito tempo. Eu já vivi muito! Pela idade que tenho já devia ter morrido. Não digo a ninguém a idade que calculo ter porque, se falar, dirão que estou mentindo. Tenho mais de 60 anos.

– Você não parece ter essa idade! Mas eu acredito em você! – exclamou Miguel. – Quando cheguei ao quilombo, você parecia ser irmã de seus filhos, agora parece ser filha deles. Eu, quando vim pra cá, já era adulto e também não parecia. Pai João até me chamou de moleque.

– Não sei o que acontece conosco – falou Zefina vagarosamente. – Notei que tanto eu como você temos algumas atitudes parecidas e diferentes da dos outros. Respiramos devagar, gostamos de prestar atenção no ar que entra em nós, de comermos grãos e evitar carnes. Se Pai João estiver certo, que vivemos muitas vezes, que nosso espírito veste corpos diversos, você e eu já vivemos juntos, morávamos naquela casa enorme com que tanto você quanto eu sonhamos, que abusamos de muitas coisas, fizemos algo errado para que vivêssemos por muitos anos. Agora nem casa para morar temos, vivemos escondidos, somos escravos, estamos vivendo muito para aprender a não forçar a natureza com atos errados, porque temos um período para viver em corpos físicos e outros em que nosso espírito vive no plano espiritual.

– Você, como sempre, fala de forma coerente. Acho que está certa. Zefina, vamos viver como companheiros? Entendemo-nos tão bem – pediu Miguel.

– Miguel, gosto muito de você, mais do que dos meus filhos. O importante é continuarmos a nos querer bem. Mas não posso aceitar, não quero que os homens sozinhos daqui fiquem sem sexo e que por isso aconteçam brigas por mulheres e estupros. Uma vez, na fazenda, escutei de uma colega de trabalho que as mulheres brancas honestas não podiam ter relações com muitos homens porque não era certo. Será mesmo? Preocupei-me com isso e perguntei ao Pai João. Ele me disse que errado é fazer maldades. Estuprar, violentar, forçar a outrem, lhe causando dores e humilhações... isso é errado. Que ele não ouvira falar nada sobre isso. Os senhores casavam com bênçãos, os negros não podiam ter a bênção e, no entendimento deles, se não podiam casar, não era então errado ter companheiros. Ele acha que Deus não é tão severo assim. Nós, aqui, somos ignorantes, não temos como aprender, não há ninguém para nos ensinar. Porém, sabemos o que é certo ou errado. Se causarmos sofrimento a alguém, não procedemos corretamente; se fizermos o bem, agimos certo.

Após uns segundos de silêncio, Miguel perguntou:

– Por que você sente que morrerá logo?

– Não sei explicar o que sinto, é uma sensação estranha. Às vezes, quando estou orando, parece que saio do corpo, me transformo em duas: uma fica deitada e a outra sai voando. Acho que é minha alma que voa e o corpo físico descansa. E das duas últimas vezes que esse fato aconteceu, senti que logo viverei sem o corpo de carne. Vamos encerrar esta conversa e voltar ao trabalho.

Miguel gostava de conversar com Zefina, mas ela evitava falar sobre assuntos de espírito, dizia que não queria confundi-lo porque não conseguia entender o que sentia ou pensava. Ele então procurava Pai João e conversavam muito. O líder do quilombo estava velho, os cabelos quase todos brancos, andava encurvado.

– Quantos anos o senhor tem, Pai João? – perguntou Miguel.

– Não sei direito, acho que uns 65 anos. Pareço ter mais. Trabalho pesado, muito sol, sofrimentos e saudades... envelhecemos mais rápido.

– Pai João, o senhor ficou de ver as pedras na lua cheia, ela já mudou para nova, afinal viu ou não viu?

– Quer que eu as veja para você? Entre na minha cabana, vou jogar as pedras.

Pai João não respondeu ao que Miguel perguntou, pegou no braço dele e o levou para a sua cabana. Sentaram-se no chão e ele pegou as pedras. Eram 12, todas pequenas, mas de formatos diferentes, bonitas e de tonalidades diversas. Ele, vendo Miguel admirado, explicou:

– Uma mulher na fazenda em que eu morava jogava umas conchinhas que dizia serem do mar, o rio grande salgado. Eu gostava de vê-la jogando, ela falava o que ia acontecer com as pessoas. Quando vim para cá, como não tinha as conchas, peguei as pedras e passei a jogar com elas. Muitos acontecimentos estão planejados, por isso quem tem o dom os vê. Não sei explicar como isso acontece, acho que leio o astral da pessoa, o que está programado para ela[9].

– Essa programação não pode ser modificada? – perguntou Miguel, curioso.

– Pode sim, mudamos com nossa vontade e esforço. Fazendo o bem, facilitamos nossa maneira de viver; agindo com maldade, atraímos para nós mais acontecimentos ruins.

– Pai João, o que é agir errado?

– Quando fazemos o mal a alguém, agimos errado. Às vezes fazemos atos maus a nós, como nos embebedar, tomar aguardente como o marido de Zefina. A pessoa que bebe muito acaba fazendo sofrer quem a ama e vícios prejudicam mais o vicioso. Fazer conscientemente uma maldade a alguém, mesmo a um animal, é um erro que provoca sofrimentos em quem recebe, mas ainda mais em quem a faz. Vou jogar as pedras para você.

9. Sobre o conhecimento do futuro, a questão 868 de *O Livro dos Espíritos*, de Allan Kardec, esclarece: "*O futuro pode ser revelado ao homem?* – Em princípio, o futuro é desconhecido e apenas em casos raros ou excepcionais Deus permite que seja revelado". (N.E.)

– Por que o senhor fala "jogar"? – Miguel quis saber.

– A mulher que fazia isso na senzala dizia jogar. Acho que é porque as sacudo, depois as coloco no círculo. Fique quieto agora, vou me concentrar!

Pai João jogou as pedras e deu um suspiro de alívio.

– Você vai viver por muito tempo! Haverá mudanças em sua vida. Não deve se desesperar! Após um período difícil, terá paz e viverá bem. Deverá prestar atenção numa montanha. Mas essa montanha não é física, é em outro sentido.

– Pai João – interrompeu Miguel –, o senhor tem visto muitas mudanças. Será que não é o momento de sairmos daqui? Essa mudança que o senhor vê nas pedras será melhor para todos? Para onde iremos? Por que não decide logo mudar?

– Miguelo, existem alguns acontecimentos que não temos como modificar. Se alguém tem determinado tempo para ficar aqui com o espírito vestindo este corpo, você o tira da situação de risco e logo aparece outra. Tem de haver motivos para este corpo parar suas funções. Aumentar o tempo encarnado depende de muitos fatores. Se sairmos daqui, poderemos ir para um lugar onde haverá seca, tempestades, tremor de terra e os que estavam previstos para morrer morrerão.

– Montanha? A que montanha devo prestar atenção? – perguntou Miguel preocupado.

– Muitas coisas não entendemos no momento – respondeu Pai João –, somente iremos compreender no futuro. Chegará o momento, e, pela montanha, encontrará sua liberdade. Gosto de você, Miguelo, é inteligente e tem vontade de fazer o bem.

Seja sempre bom! Na mudança que fará, amigos seus irão com você e precisarão de seus conselhos, ajude-os.

– O senhor não irá? – indagou Miguel.

– Haverá separações nos acontecimentos que virão – respondeu Pai João. – Uns ficarão aqui, alguns irão comigo para muito longe e outros descerão o morro.

– Estou preocupado! – exclamou Miguel.

– Não deve ficar, não devemos nos angustiar pelo que acontecerá no futuro, pois ele é incerto. O importante é o presente. Agora, volte ao trabalho, logo escurecerá.

Miguel ficou uns dias ansioso, mas depois não pensou mais no assunto. O trabalho no quilombo era prazeroso e seguia uma rotina organizada e trabalhavam todos os dias. Todas as noites sentavam nos bancos no centro, com a fogueira acesa, e conversavam. Dificilmente havia discussões; quando por motivos fúteis alguém se desentendia, Pai João chamava a atenção.

– Vamos respeitar um ao outro! Temos de ser unidos e amigos. Discussões e brigas só trazem desarmonias. Se este quilombo existe e resiste há tanto tempo é por sermos unidos.

Alguns dos que ali moravam não conheciam outra forma de viver, pois tinham nascido ali ou tinham ido para lá pequenos. Eles tinham curiosidade de saber como viviam nas fazendas ou cidades, mas as histórias que ouviam os indignavam e temiam os brancos.

– Vocês não devem temer ou não gostar de uma raça – aconselhava Pai João. – Existem pessoas más em todas as formas de vestimentas físicas, há brancos e negros bons e maus.

Nós, os negros, estamos provisoriamente sob domínio, mas se estivéssemos no poder, como será que agiríamos?

E as histórias se repetiam e todos tinham tido motivos para ter procurado o quilombo, como Maná, que chorava todas as vezes que contava suas lembranças.

– Na fazenda em que eu morava, o filho do sinhô era muito mau. Gostava das escravas, obrigava-as a ficar com ele. Depois, ria e gracejava dos companheiros dessas mulheres. Eu tinha uma companheira, amava-a muito, era o amor de minha vida. Tínhamos duas filhas, que acompanhavam minha companheira quando ela ia lavar roupas. O sinhozinho já tinha ficado com minha mulher, mas daquela vez disse que ia querer a nossa menina de oito anos. Mãe extremosa, ela defendeu a filha, e o sinhô a matou. Sofri muito. Dois dias depois, esqueceram de trancar a senzala; um grupo resolveu fugir e acompanhei-os com minhas duas filhas. No sopé do morro, nos separamos e, como guiado por alguém invisível, procurei o riacho e o subimos, margeando-o. Pensei: "ao menos sede não passaremos". Foi uma fuga difícil. Encontrei Joaquim, que estava pescando perto da cachoeira. Ele nos deu alimentos e nos trouxe para cá. As meninas cresceram, têm seus companheiros e aqui vivemos felizes.

– Na fazenda em que eu morava – contou José –, íamos amarrados para a lavoura. Um dos feitores bebia muito e, embriagado, fazia muitas maldades. Às vezes, matava um escravo sem motivo, por prazer. Ele soltava um, mandava-o correr e atirava. Fez isso comigo; o tiro não saiu, corri muito e me escondi.

Ele me perseguiu a cavalo, não me encontrou. Quando anoiteceu, saí do buraco em que me escondera e fui para o rio. Entrei n'água caminhando contra a correnteza. Andei muito, escondia-me durante o dia e andava de noite. Alimentei-me de frutas e milho, as espigas estavam verdes. No sopé do morro, havia um riacho que descia o morro e desaguava no rio. Resolvi subir margeando-o e acabei chegando aqui.

Miguel gostava de ouvi-los. Eram histórias tristes, mas ele gostava mesmo era das orações que Pai João fazia antes de se recolherem para as suas cabanas. Às vezes, o líder dos quilombolas pedia para alguém orar em voz alta. Quando foi solicitado, Miguel orou emocionado:

– Deus de todos nós, brancos, negros, índios e dos animais, nos proteja sempre e agradecemos pelo que nos dá. Peço-lhe que me ajude a compreendê-Lo e às Suas leis. Quero acreditar que o Senhor é justo e bom. Fazei com que eu O entenda!

Quando Miguel ia entrar na cabana, Pai João fez um sinal para ele se aproximar e lhe disse:

– Nosso espírito volta muitas vezes a vestir um corpo físico diferente. Se você entender isso, compreenderá que Deus é bom e justo. Este corpo negro foi uma oportunidade de aprendizado para você. Boa noite!

Não falaram mais em mudanças, continuando a viver numa rotina organizada.

Numa tarde, quando preparavam o jantar, ouviram vozes e tiros. Assustados e confusos, não souberam o que fazer. Foi um acontecimento de tristeza imensa, cena de terror, em que todos os que a presenciaram, principalmente os que receberam a maldade, não a esqueceriam. Homens, caçadores de escravos fugitivos, entraram nas cabanas, arrastaram pessoas para o centro. Houve algumas fugas; alguns jovens, cujos pais enfrentaram os invasores, conseguiram correr para o mato, esconder-se atrás de pedras. Os quilombolas haviam feito um esconderijo que era difícil de achar, pensando em usá-lo numa situação de emergência, e uns jovens correram para lá. Muitos morreram; aqueles homens não queriam pessoas idosas nem crianças e estas foram executadas. Os ecos de gritos angustiados, tiros, risadas, ficaram gravados na mente de todos.

Miguel lutou, mas foi rendido e amarrado, viu Zefina defender Onorico e receber um tiro. Pai João morreu, Miguel viu-o caído; morreu sorrindo, em paz consigo mesmo. Dois homens brancos morreram.

A tragédia foi provocada por homens gananciosos. Os invasores estavam armados, prenderam os adultos em duas cabanas e procuraram os fugitivos pela redondeza, mas não acharam.

Dos que foram presos, a maioria estava machucada. Além da dor provocada pelos ferimentos, sentiram muito medo e agonia por não saberem quem havia morrido, quem estava na outra cabana e quem conseguira fugir. Passaram uma noite horrível.

– Será que morreram muitos? – perguntou Maria.

– Vi Zefina e Onorico serem feridos, acho que eles morreram – falou Miguel.

– Tobi, Dito e meu filhinho foram assassinados – lamentou Tião.

– Pai João morreu! – exclamou Ritinha chorando.

– Dois homens brancos morreram e dois ficaram feridos. Agora estão os dois de vigia e os outros foram dormir na cabana do Pai João – disse Rujão que estava na frente da entrada da cabana.

– Quem morreu? Quem conseguiu escapar? – perguntou Ritinha angustiada.

– Meu filho correu, não está aqui. Espero que tenha fugido! – exclamou Rufino suspirando tristemente.

– Muitos fugiram – afirmou Miguel tentando consolar os companheiros.

"Que dor terrível!", pensou Miguel. "Como dói receber uma crueldade. Recebi uma maldade, mas não quero me tornar mau. Meu consolo é que a dor, embora grande, passará e se ela me tornar melhor, é um remédio que me fortificará. Espero que não fique marcada em nenhum de nós essa maldade e que não nos tornemos maus. As pessoas que estão fazendo essa crueldade são más. A situação delas é pior; embora no momento, aparentemente, estejam em melhor vantagem, internamente não estão. A maldade que fazem as marcará e a colheita será de muitas dores."

Alguns passaram por um cochilo; outros choraram até cansar e adormecer. Miguel dormiu e sonhou. No sonho, viu Pai João tranqüilo dando adeus com a mão. Depois viu a casa-grande e a mulher, de olhos muito azuis, que ora era branca ora Zefina, a implorar piedade. Ao acordar, sentiu que se despedia também daquela casa enorme com muitas escadas. Olhou para seus companheiros, teve certeza de que os amava e quis ajudá-los.

"Agora", pensou ele, "não tenho como ajudá-los, mas com certeza terei e o farei. Pai João despediu-se de mim. Que ele mude para a espiritualidade em paz e seja feliz!"

Por uma frestinha, Miguel viu que o Sol despontava. Escutou um barulho, os invasores se levantaram e, em seguida, escutou gritos:

– Acordem! Acordem!

Dois homens entraram na cabana em que Miguel estava e ordenaram:

– Vamos descer a montanha! Continuarão amarrados! Saiam rápido, não quero que conversem nem gritem. Se alguém desobedecer, será chicoteado. Vamos!

Foram empurrados, eles queriam ver os mortos que estavam amontoados perto da última cabana, mas não foi permitido. Alguns se sentiram aliviados por encontrar com outros que estavam na outra cabana. Foram obrigados a andar.

– Andem! Senão os chicotearei!

Miguel ficou na frente de amigos que iam receber chicotadas por não quererem ir, queriam ver quem morrera. Sentiu as costas arder e tentou convencê-los a andar e caminharam pertinho um do outro se ajudando mutuamente. Estavam com as mãos amarradas à frente do corpo e presos um ao outro pelo pé direito. Foi somente permitido tomarem água. Desceram o morro.

Os invasores colocaram fogo nas cabanas, que tiveram queimadas principalmente as folhas que as cobriam, mas não foram totalmente danificadas.

Zefina, quando viu que seu filho ia ser assassinado, ficou na sua frente e recebeu um tiro no peito e caiu ferida. O criminoso atirou em seus dois filhos. Onorico e Onofre desencarnaram. Ela desmaiou e foi dada por morta. Os corpos foram arrastados e amontoados perto da última cabana. Os invasores não se preocuparam mais com eles. Zefina acordou e escutou um gemido baixinho. Demorou um pouco para entender o que ocorrera. Lembrou-se de tudo e deu um suspiro. Escutou:

– Tem alguém vivo aí?

Zefina se perturbou, pensou angustiada: "Será que morri? O que estou fazendo aqui? Morri e não sei?". Esforçou-se muito e respondeu:

– Sim, sou Zefina!

Achou que ia falar alto, mas sua voz soou fraca, baixa e tentou se mexer, não conseguiu e sentiu muitas dores. Escutou a voz novamente:

– Sou Joãozinho, estou ferido, acho que os outros que estão aqui estão mortos.

– Morreram todos os moradores do quilombo? – perguntou Zefina desesperada.

– Não, somente alguns – respondeu o mocinho. – Uns fugiram, outros foram presos nas cabanas.

– Você está ferido? – quis Zefina saber.

– Tenho um corte na perna e outro na barriga, um homem me feriu com a faca. Tenho também um ferimento na cabeça, acho que bati quando me arrastaram. O que vamos fazer?

– Ficarmos quietos, fingir-nos de mortos! – exclamou Zefina, esforçando-se para não gemer, sentia dores muito fortes. Continuou falando pausadamente: – Com certeza, eles irão embora amanhã, os que fugiram voltarão e nos encontrarão.

– Se gritarmos, eles saberão que estamos vivos – disse Joãozinho.

– Nossos amigos não poderão nos ajudar e os homens maus virão e acabarão de nos matar; eles não vão querer feridos. Ajeite-se devagar, acomode-se da melhor maneira possível enquanto é noite. Tente ver o que está acontecendo no centro.

– Estou vendo dois homens de vigia que estão cochilando perto do fogo – informou Joãozinho.

– Vamos ficar calados, sem nos mexer. Vamos nos fingir de mortos. Tente dormir, Joãozinho – aconselhou Zefina.

Ficaram quietos. Zefina tentou se mexer, mas não conseguiu, sentia dores terríveis. O tiro pegou no seu colar desviando a bala, evitando que desencarnasse de imediato e, quando a arrastaram e a jogaram, fraturou algumas vértebras, por isso não conseguia se mexer. O ferimento sangrou muito, depois parou e ela ficou agonizando. Esforçou-se para não gemer.

"Como é ruim ficar imóvel, com medo e sem saber o que acontece. Vi meus filhos serem atingidos, sinto que eles morreram. O que será que aconteceu com Miguelo? Muitos foram mortos, principalmente velhos e crianças. Que maldade! Nunca quero fazer maldade! Será que já fiz alguém ficar imóvel e com dores? Devo ter feito e recebo a reação ao meu ato. Talvez, no passado, tenha imobilizado aquela mulher de olhos azuis."

Zefina orou, pediu com fervor pelos filhos, pelos mortos que ali estavam e pelos companheiros que estavam presos.

"Não vou orar pelos invasores", pensou. "Perdôo-lhes, não lhes quero mal, mas não oro por eles."

"*Tenha calma, Zefina! Não demora e estará conosco!*"

Zefina escutou e sentiu um toque diferente, uma mão passar em sua cabeça. Sentiu que era Pai João, e realmente era o líder dos quilombolas, que desencarnara, mas continuava ali tentando consolar, ajudar seus amigos.

Clareou. Zefina escutou barulho, gritos, e lágrimas escorreram pelo seu rosto.

"Meu Deus, que eu sofra, mas eles não!", suplicou em pensamento.

Novamente o silêncio. Entendeu que tinham ido embora levando os prisioneiros e que o fogo apagara.

"Ainda bem que não colocaram fogo nos cadáveres. Como será que está Joãozinho?"

– Joãozinho! – chamou. – Está me escutando? Como está?

– Sentindo medo e dores – respondeu o garoto.

– Pois não sinta mais medo. Eles foram embora e logo os que fugiram voltarão e acharão você. Você fingiu bem.

– Eu estava com muito medo, então orei. Vi Pai João e ele disse: "Joãozinho, durma! Não tenha medo! Vou ficar ao seu lado. Quando esses homens forem embora, os três amigos que foram caçar voltarão". Dormi, estou acordando agora com você me chamando. O que aconteceu?

– Eles levaram os prisioneiros e colocaram fogo nas cabanas – respondeu Zefina.

– Você viu Pai João? Ele estava perto de mim e não está mais.

– Acho que Pai João morreu.

– Oh, meu Deus! – lamentou Joãozinho e começou a chorar.

Zefina acalmou-o. Mas ela não estava mais suportando as dores. Falar sem gemer custava-lhe muito esforço. Não queria apavorar o mocinho.

– Zefina, vem para perto de mim – pediu ele.

– Não, é melhor você se arrastar para o centro. Lá encontrará água e ficará na sombra.

– E você, o que vai fazer? – perguntou Joãozinho.

– Ficarei bem aqui, estou confortável. Não se preocupe se eu não conversar mais. Estou com sono e vou dormir. Vá!

Zefina escutou o barulho do menino se arrastando. Sentiu-se aliviada quando escutou que ele tomava água. Sentia muita sede.

"Com certeza não vou dormir, mas não agüento falar mais. Joãozinho pensará que adormeci e ficará mais tranqüilo sabendo que não está só. Tomara que os outros voltem logo e o socorram."

Orou... e pensamentos rapidamente lhe passaram pela mente: acontecimentos de sua vida, os tristes e os alegres, feições de amigos, e viu também a casa enorme, as escadas e aqueles olhos azuis. Dormiu. Acordou se sentindo bem, num leito limpinho e perfumado. Ergueu a cabeça e viu alguns companheiros e seus dois filhos.

– *Morri!* – exclamou feliz. – *Que Deus seja louvado!*

– *Que Deus seja louvado!* – responderam os outros.

E uma vida bem melhor, feliz, de oportunidades de aprendizado começou para eles.

Bastião, Joaquim e José, que estavam caçando, viram a fumaça, pressentiram que algo ruim acontecera e voltaram o mais rápido que conseguiram. Ao se aproximarem, verificaram que não havia mais perigo. Chegando, viram tudo destruído. Escutaram gemidos, era Joãozinho. José perguntou aflito:

– Joãozinho, o que aconteceu aqui?

– Os brancos invadiram o quilombo – respondeu ele com dificuldades. – Foi uma tragédia! Ali estão os mortos. Acho que alguns conseguiram fugir. O restante dos moradores os caçadores de escravos levaram amarrados e desceram o morro.

– Tem mais alguém vivo? – Bastião quis saber.

– Zefina está viva entre os mortos, conversamos até horas atrás, arrastei-me para o centro e ela ficou, disse que ia dormir.

– Podemos ir atrás deles, talvez possamos libertá-los! – exclamou José.

– Não façam isso! – pediu Joãozinho chorando. – Eles estão armados, já morreram muitos. Se forem morrerão, ou serão capturados.

– Joãozinho tem razão – concordou Bastião. – Vou tratar dos seus ferimentos. Joaquim, verifique se tem alguém vivo e procure por Zefina. José, suba na árvore alta, veja onde eles estão e dê o sinal para os que estão por aí voltarem.

Joaquim aproximou-se dos cadáveres e com pesar verificou que todos estavam mortos. Ele informou a Bastião:

– Todos estão mortos! Zefina ainda está com o corpo quente, deve ter falecido há pouco tempo.

Perto da nascente d'água havia uma árvore alta, na qual não era muito difícil de subir. José subiu rápido e disse:

– Pela poeira, eles estão descendo o morro, aproximam-se do trecho das pedras.

– Observe bem e verifique se não ficou alguém para trás ou algum branco – pediu Bastião.

– Não vejo nada! – respondeu José.

– Então dê o sinal! – falou Joaquim.

José imitou o canto de um pássaro por várias vezes o mais alto que conseguiu e depois desceu da árvore.

– Vou lavar os ferimentos de Joãozinho – falou Bastião. – Vocês dois gritem por aí dizendo seus nomes; se alguém estiver escondido, que venha para cá. Vão ao esconderijo!

Depois de lavar os ferimentos, Bastião aplicou ervas no local e deu outras para o menino beber. Voltaram dois que tinham se escondido no meio das plantações. Joaquim e José aproximaram-se das pedras e, ao chegar ao esconderijo, falaram alto:

– Somos Joaquim e José, voltamos da caçada. Os invasores foram embora. Se tiver alguém aí, pode sair!

Seis jovens saíram apavorados. Abraçaram-se. Tristes, foram ver o que restara das cabanas. Bastião falou a eles:

– Foi uma tragédia o que aconteceu conosco. Se ficamos aqui e vivos foi por algum motivo, com certeza. Teremos muito tempo para chorar, agora temos de ser práticos. Logo será noite, trouxemos caça, vamos cozinhá-la e nos alimentar. Se os invasores virem a fumaça, acharão que é do fogo de alguma das cabanas. Vamos arrumar um local para dormir. Acho que a cabana do Pai João é a que menos queimou. Vamos rápido nos organizar para não passarmos a noite ao relento. Já está frio! Amanhã cedo enterraremos os nossos mortos.

E assim fizeram. Ficaram juntinhos, estavam tristes, separados da família. Choraram, mas acabaram dormindo. No outro dia, foram cavar um buraco para enterrar os mortos, os cadáveres dos dois homens brancos foram jogados no precipício. Cansaram, mas enterraram todos. Comeram o resto da caça e somente à noite acenderam o fogo.

– Não passaremos fome – disse Bastião. – Temos as plantações, podemos continuar a pescar e a caçar. Acho que devemos consertar somente duas cabanas e continuarmos a viver neste lugar. Os caçadores de escravos não voltarão, pois é difícil vir aqui e eles pensam que não ficou ninguém vivo. Proponho que vivamos como irmãos. Não vamos mais ter filhos, não daremos mais escravos aos brancos!

Todos concordaram. Naquela noite dormiram todos juntos, estavam com medo e muito tristes. No outro dia, consertaram duas cabanas, aguaram a horta e, à noite, dividiram as tarefas que cada um faria. Um rapaz que ficara no esconderijo a noite toda, num lugar muito frio, ficou doente e desencarnou cinco dias depois; já Joãozinho melhorou. Ficaram morando no quilombo onze pessoas: oito homens e três mulheres.

Bastião, tempos depois, percebeu que dois jovens queriam morrer. Temendo que se suicidassem, deu-lhes mais atenção conversando muito com eles.

– Lembro-os do que Pai João nos dizia: devemos fazer tudo para sermos felizes, porém a felicidade não pode depender de atos meramente externos. A felicidade é algo interno, é ter a consciência tranqüila no bem realizado. Podemos pensar que não temos muito externamente, mas se fizermos uma lista, veremos que temos sim: enxergamos, ouvimos, andamos, pensamos, temos amigos, alimentos, água...

– Não temos família – queixou-se um deles.

– Família pode ser temporária, mas a amizade é para sempre! – exclamou Bastião.

– Somos negros e escravos! – lamentou Francisco.

– Com certeza, já fomos brancos! E o que seremos no futuro?

– É melhor então morrermos mais depressa e antecipar o futuro.

– Para o futuro ser melhor – esclareceu Bastião –, temos de construí-lo no presente. Se interrompermos este nosso estágio não aceitando o presente, no futuro receberemos a reação desta imprudência. Não se abrevia ou alivia o sofrimento dessa forma, fugindo, procurando a morte. Matar a si mesmo é muito errado e somente aumenta os padecimentos. Nascemos ora negros, ora brancos, e a cada vez por um motivo, uma necessidade.

Teremos explicações um dia. Suicidas vão para a espiritualidade de maneira incorreta, fora de hora e não serão acolhidos nos bons lugares no plano espiritual. Portanto, vamos ficar unidos! Francisco, você gosta de mim?

– Gosto de você e de todos os que estão aqui – respondeu.

– Se gosta, demonstre! – ordenou Bastião.

– Como? – perguntou Francisco.

– Nos deixando alegres com sua presença. Se você morrer, vamos sofrer. Você, que diz ser amigo, que nos quer bem, como então quer nos dar mais sofrimento?

Bastião conseguiu que todos aceitassem aquela maneira de viver e não pensassem mais em suicídio. A vida deles foi uma rotina, melancólicos, sem entusiasmo, parecia que viviam esperando a morte e foram morrendo. Anos depois, restaram Bastião e Joaquim. Os dois fizeram duas covas. Bastião pensou em contar ao amigo de sua castração, mas lembrou que prometeu guardar segredo. Ele orava pedindo a Deus que Joaquim morresse primeiro que ele, não queria que o amigo ficasse sozinho. E Joaquim orava rogando a Deus para que Bastião desencarnasse antes dele para que não ficasse só.

– Joaquim – dizia Bastião –, acho que se nos encontrarmos no futuro, seremos amigos novamente. Você é, para mim, pai, irmão, filho, toda a família reunida numa amizade.

– Também gosto de você e sinto o mesmo! – exclamava Joaquim.

Joaquim morreu, Bastião arrastou seu corpo até a cova, enterrou-o, mas não lamentou.

"Deus me atendeu! Não posso lamentar!"

Desencarnou dois meses depois e seu corpo ficou na cabana.

O socorro dos que desencarnaram na tragédia não foi igual. A maioria foi socorrida e levada para uma colônia, porém os que sentiram ódio e revolta somente tiveram o espírito desligado da matéria morta. Estes foram atrás dos desafetos, dos invasores, para castigá-los, e, querendo vingança, continuaram sofrendo. Pai João com outros socorristas convenceram quase todos a perdoar e, quando o fizeram, foram socorridos; os que não quiseram perdoar entraram no ciclo de carrascos e vítimas. Os dois invasores que desencarnaram foram por afinidades para o umbral e sofreram muito porque desafetos agravavam seus sofrimentos.

Joaquim e Bastião foram socorridos de imediato. Continuaram amigos e a fazer o bem. Bendisseram a oportunidade que tiveram nessa encarnação em que não somente quitaram dívidas de erros, mas os repararam e aprenderam muito.

Todos os envolvidos nessa tragédia não a esqueceram: os que a tiveram como prova para aprender a perdoar e conseguiram vencê-la a bendisseram; os que não perdoaram, com certeza, teriam outra prova à espera deles. Nada deve ficar para trás, sem realizar no caminho do progresso. Felizes os que perdoam!

7
Na cidade

Desceram o morro, tristes e calados sendo observados pelos invasores indiferentes às dores dos escravos, pensando somente no lucro que obteriam ao vendê-los.

À tarde, Miguel escutou o som que imitava o pio de pássaro. Olhou para seus companheiros, os que estavam amarrados ao seu lado; trocaram olhares e permaneceram em silêncio. Entenderam que era o sinal.

"Talvez seja Bastião", pensou Miguel. "Eles foram caçar, devem ter voltado e agora dão o sinal para reunir os que conseguiram se esconder. Que Deus os proteja! Pai João, ao jogar as pedras, viu mudanças para todos. Tudo mudou! Os que morreram foram viver em outro lugar e de outra maneira como espírito. Para nós, que estamos presos, a mudança será muito diferente e, para os ficaram lá no quilombo, o modo de viver também modificará. Que Deus tenha piedade de nós!"

Andaram até começar a escurecer; estavam sedentos e foi-lhes dada água. Numa encosta, onde não ventava muito, acomodaram-se, ficaram pertinho um do outro para se aquecerem. Sentiram frio no corpo, na alma e muitas dores físicas. Quase todos estavam machucados e com dores morais de humilhação e da separação. Nenhum deles conseguia entender o porquê de tanta maldade. Miguel orou baixinho para que todos ouvissem:

– Deus, o Senhor é Pai de todos nós, nosso, dos oprimidos e dos opressores. Ajuda-nos a não sentir ódio. Ampara, Senhor, aos que fugiram e, aos que morreram, recebe-os em uma de Tuas casas na espiritualidade. Ampara-nos, Pai!

Somente alguns responderam: Amém! Depois conversaram baixinho:

– Vocês ouviram o sinal? A imitação do pássaro? – perguntou Maria.

– Ouvi, à tarde escutei – respondeu Miguel. – Acho que foram Joaquim, José e Bastião que chegaram da caçada. Deram o sinal avisando os que se esconderam para se reunirem a eles.

– Vi minha filha Narcisa fugir, mas não vi o Joãozinho. Vocês viram? – perguntou Maria.

– Vi-o deitado entre os mortos – respondeu Tião.

Maria suspirou tristemente. Miguel também viu o filho dela junto dos mortos, mas ao olhá-lo pareceu que respirava.

– Joãozinho fingiu que morreu! – afirmou Miguel tentando consolar aquela mãe aflita.

– Ainda bem! Joãozinho é capaz de fingir que está morto, brincava muito de enganar. Meus dois filhos ficaram lá. Bastião, Joaquim e José tomarão conta deles. Obrigado, Miguel! – exclamou Maria aliviada.

"Não vamos voltar mais ao quilombo", Miguel pensou, "não teremos como saber quem ficou vivo e o que aconteceu com eles. Para Maria será mais fácil pensar que seus dois filhos ficaram juntos no quilombo."

– Estou preocupado com Jussara, ela não está bem, não fala mais nem chora – disse Tião.

– Com tantos horrores, ela está em estado de choque. Vai melhorar. Jussara viu matarem seus pais, Tobi, Dito e o filhinho. Seja carinhoso com ela, Tião – aconselhou Miguel.

– Estou sendo. Mas como ajudá-la? Não temos alimentos nem como cobri-la. Ela parece estar dormindo. É melhor tentarmos dormir e descansar.

Ficaram em silêncio. Miguel entendeu que é muito difícil aceitar certos acontecimentos em nossa vida. Não conseguiu dormir, passou por alguns cochilos. Assim que o Sol despontou, voltaram a caminhar e, por volta do meio-dia encontraram o riacho. Foram desamarrados para descerem a cachoeira e novamente amarrados assim que passaram pelas pedras. Deixaram três livres e um dos homens ordenou:

– Vocês três, peguem frutos e repartam. Não tentem fugir, senão atiro!

Miguel com outros dois pegaram frutos e dividiram. Receberam pedaços de carne seca. Após comerem, continuaram a andar; pararam ao entardecer, procuraram um abrigo e passaram a noite. Estavam muito cansados e a maioria dormiu.

No outro dia, os homens invasores pegaram seus cavalos, que tinham deixado no vale por não conseguirem ir cavalgando perto da cachoeira. Um deles ordenou:

– Tomem bastante água! Vamos mudar de rumo, não iremos mais margear o riacho. Iremos por ali! Vamos à cidade!

Andaram então por caminhos que eles não conheciam. À noite já não fazia tanto frio. Estavam cansados e famintos; passaram dois dias sem se alimentar, três caminhando e um sem tomar água. Escurecia e eles continuaram a andar.

– Falta pouco, logo chegaremos! – falou um dos homens.

Já era noite quando viram luzes.

– Chegamos à cidade! – informou um dos homens.

Miguel sempre tivera curiosidade para conhecer a cidade, mas nem prestou atenção. Entraram num galpão que, para eles, era uma senzala. Foram desamarrados. Viram águas nas barricas.

– Podem tomar água! – falou um dos homens. – Lavem-se!

Tomaram água e lavaram os ferimentos. Ouviram vozes, perceberam que pessoas discutiam com aqueles homens que os trouxeram. A porta abriu e três homens e duas mulheres brancas entraram com duas panelas grandes.

– Trouxemos sopa para vocês. Comam! Vamos deixar aqui essas pomadas para que passem em seus ferimentos.

E foram servidos por aquelas pessoas caridosas. Foi dada a cada um deles uma cuia cheia de alimentos quentes. Famintos comeram achando a sopa muito saborosa.

– Tem sal! – exclamou Maria.

Miguel lembrou-se de Zefina: "Ela queria tanto comer sal!"

Todos comeram; os que serviram saíram e o portão foi trancado. Estavam apreensivos, com medo e muito tristes. Foram deitar, estavam muito cansados e se acomodaram no chão.

"Será que vão nos marcar com ferro quente por sermos fujões?", pensou Miguel, aflito. "Será que voltaremos para as fazendas em que morávamos? O que irá acontecer conosco?"

Não sentiu vontade de orar, mas Maria disse:

– Não devemos esquecer que pessoas boas existem e elas podem ser brancas, como essas pessoas que nos serviram alimentos. Não devemos perder a esperança. Vamos orar: Obrigado, Pai, pelo alimento e por estarmos esta noite juntos. Pedimos Tua misericórdia, nos ajude!

Ninguém falou amém. Ficaram em silêncio e, depois de alguns minutos, Miguel ouviu os companheiros ressonarem e tentou dormir.

No outro dia acordaram com um dos homens que os prenderam gritando:

– Acordem! Lavem o rosto, melhorem seu aspecto, vistam estas roupas que os moradores da cidade trouxeram e fiquem quietos.

Dois dos senhores, que na noite anterior lhes trouxeram alimentos, entraram no galpão trazendo café e bolo. Comeram em silêncio e agradeceram-lhes. Logo depois, foi ordenado que fizessem fila. Escutaram discussão, alguns moradores da cidade discutiam com os homens que os trouxeram. Eram pessoas abolicionistas que estavam indignadas com aquela captura. A confusão aumentou, chegaram os soldados e escutaram a voz de um homem que deveria ser autoridade na cidade.

– Infelizmente, nossas leis permitem esse procedimento. Vamos usar o bom senso. Sugiro que vocês comprem estes escravos e lhes dê uma vida digna. E vocês – certamente dirigia-se aos homens que os capturaram – vendam todos para pessoas daqui, não separem mais ninguém desse grupo e depois partam, não os quero aqui.

– Mas se não conseguirmos vendê-los pelo preço estipulado? – perguntou um dos captores.

– Minha ordem é esta! Não levarão nenhum! E devem partir hoje! Não quero pessoas como vocês na minha cidade.

Com expressões contrariadas, eles entraram no galpão e ordenaram que saíssem e fossem andando até a praça. Miguel e os companheiros estavam apreensivos. A cena foi deplorável, seres humanos sendo vendidos como objetos, expostos como uma mercadoria qualquer. Miguel sentiu o sangue correr rápido pelo corpo, o rosto em brasa e muita vergonha. As pessoas os rodearam para vê-los. Os soldados estavam atentos. E foram vendidos. Os mercenários não estavam gostando do preço, mas não tiveram escolha e os venderam. Miguel viu que casais eram comprados juntos. Logo foi comprado por um casal idoso. Acompanhou-os de cabeça baixa e esforçando-se para não chorar.

– Entre! – falou o senhor. – Moramos aqui.

Miguel entrou na casa e ficou parado num canto sem saber o que fazer.

– Chamo-me Godofredo, esta é minha mulher, sinhá Francisca. Moramos nós dois aqui, temos filhos já casados. Como você se chama? Tem filhos? Quantos anos tem?

– Chamo-me Miguelo – respondeu ele –, não tenho filhos e não sei quantos anos tenho.

– Você deve chamar Miguel – falou a senhora. – É assim que chamaremos você: Miguel! Deve ter uns 30 anos. Trinta e quatro! Pronto, está resolvido! Você tem 34 anos e seu aniversário será hoje. Temos uma serva, a Tatinha. Falo "serva" porque não gostamos da escravidão. Um ser humano não pode ser dono de outro. Ela trabalha aqui, mas mora em outra casa com a sua família, você dormirá naquele quarto lá no fundo. Hoje não fará nada. Descanse e esqueça os horrores por que passou.

Miguel quis agradecer, falar algo, mas não conseguiu, entrou no quarto, sentou na cama e chorou. Reprimira seu choro desde a tragédia no quilombo; na caminhada forçada permaneceu forte, dando apoio aos amigos. Ao ser tratado com bondade e ao ficar sozinho não conseguiu segurar e chorou alto. O casal escutou seu choro, comoveram-se e deixaram que ele extravasasse suas emoções. Compreenderam-no e se sensibilizaram com a sua dor. Miguel chorou muito, depois foi se acalmando e aí observou o quarto. O cômodo era pequeno, mas muito limpo, tinha uma cama, uma mesinha, uma cadeira e um armário. Permaneceu sentado, examinou a cama, nunca havia dormido em uma.

"Deve ser muito agradável dormir aqui. O que será que aconteceu com os outros? Com meus companheiros?"

– Miguel, venha almoçar! – alguém bateu na porta.

Miguel levantou-se rápido, abriu a porta e defrontou-se com uma mulher negra, que lhe sorriu.

– Sou a Tatinha, a serva da casa. O almoço está pronto, os senhores já comeram, venha à cozinha para se alimentar.

Miguel seguiu Tatinha que, com um gesto, pediu que se sentasse na cadeira e colocou à sua frente um prato repleto de alimentos.

– Coma!

Miguel pegou a colher, mas pegava com a mão os alimentos e colocava no talher para levá-los à boca.

– Miguel – disse Tatinha –, vou ensiná-lo a comer. É assim, observe como faço.

Ele esforçou-se para imitá-la. Por segundos teve a sensação de que estava sentado à frente de uma mesa enorme e que se alimentava devagar usando muitos talheres. Mas, ali estava, sentado ao lado de Tatinha que o ensinava a se alimentar somente com uma colher. A comida estava deliciosa; ele lembrou novamente de Zefina: “Ela iria gostar de comer sal”. Comeu tudo e elogiou:

– A comida estava muito saborosa!

– Obrigada – respondeu Tatinha. – Faço com capricho. Hoje a sinhá Francisca quer que você descanse. Amanhã cedo vou dizer o que você terá de fazer. Não irá trabalhar muito. Cuidará da horta, do jardim, rachará lenha, varrerá o quintal e a área externa da casa, pegará água na cisterna para mim. O sinhô Godofredo lhe dará roupas.

– Tatinha, você sabe onde estão meus companheiros?

– Estão espalhados pela cidade. Aqueles homens horrorosos já partiram e não levaram nenhum de vocês com eles. Todos ficaram aqui e serão bem tratados. A escravidão não é tão forte como antigamente. Esta cidade tem progredido, e a maioria de seus moradores é abolicionista. Você poderá vê-los e conversar com eles.

– Poderei sair, andar por aí? – perguntou Miguel estranhando.

– Aqui, nós os negros somos mais serviçais do que escravos. Graças a Deus! Eu pertenço à sinhá Francisca, mas nem moro aqui, temos uma casinha, meu marido é um mulato liberto, trabalha no mercado. O sinhô Godofredo me dá alimentos e até dinheiro todo mês. Meus filhos são libertos. O sinhô me prometeu que, se a escravidão não acabar logo, ele me dará a carta de alforria. Os escravos nesta cidade saem sozinhos, encontram-se com os amigos, conversam e não trabalham muito. O sinhô certamente irá lhe pedir pra fazer compras e levar recados.

– Ninguém foge? – curioso Miguel quis saber.

– Fugir para quê, se aqui somos bem tratados, temos moradia e alimentos? Você vai gostar dos nossos senhores.

Miguel lembrou-se deles, estava tão desesperado e com medo, que não prestou atenção, mas sentiu que eram boas pessoas.

"Tatinha tem razão", pensou ele, "se formos bem tratados, para que fugir? Negros nesta terra não são escravos. Depois será bom não sentir frio e me alimentar de sal e açúcar. Meus senhores acharam que eu tenho 34 anos, tenho muito mais, mas como explicar se eu nem sei o porquê de não aparentar a idade que tenho? Se digo, eles irão achar que estou mentindo. É melhor concordar."

Como Tatinha mandou-o descansar, Miguel deitou-se na cama, pela primeira vez, gostou e dormiu. Acordou horas depois com a sinhá Francisca chamando-o:

– Miguel! Descansou? É melhor tomar banho. Trouxe algumas roupas para você. Pode banhar-se aqui mesmo, nesta cuia. Você sabe usar a latrina? Venha cá que eu lhe explico.

No outro dia, cedo, ele levantou e, assim que Tatinha chegou, ele pediu:

– Tatinha, quero trabalhar! O que faço?

– Pegue aquela lenha para mim e a coloque no fogão, depois rache aquela outra com aquele machado.

Cinco dias se passaram. Miguel aprendeu rápido o que iria fazer e esforçou-se para fazer tudo direitinho. Na tarde do quinto dia, o sinhô Godofredo o chamou:

– Miguel, tome banho, se arrume e depois saia para rever seus amigos.

– Ver como? – perguntou Miguel envergonhado por não ter entendido a ordem e porque se sentia constrangido diante dos seus senhores.

– Você andará pelas ruas e acabará encontrando com eles. Combinamos eu com os outros que compramos vocês que íamos mandá-los à praça na frente da igreja para que se vissem. A praça fica logo ali, é somente subir a rua.

– Obrigado sinhô! – exclamou Miguel alegre.

Eufórico foi se banhar, vestiu uma roupa nova e saiu. Foi então que prestou atenção na cidade, no que vinha a ser uma.

"Rua é estrada bem cuidada!" pensou. "As casas são perto uma da outra e não são tão grandes como as casas dos senhores de fazenda. Subir a rua... vou para lá. É isso! Ali está a torre da igreja. Como será que é uma igreja por dentro? Será que algum dia eu poderei entrar numa?"

– Miguelo!

Maria gritou ao vê-lo. Abraçaram-se.

– Nem acredito que a estou vendo. Como está? – perguntou Miguel.

– Bem!

E seus amigos foram chegando, abraçaram-se contentes. Jussara foi a única que não veio, Tião explicou:

– Jussara continua estranha, não conversa, come somente quando coloco alimentos na sua boca. Fica deitada com os olhos abertos. A mulher que nos comprou parece ser muito boa, contei a ela o que aconteceu, ela até chorou com piedade de nós. Deixei-a deitada.

Aliviados, embora muito tristes ainda por terem saído do quilombo, pelas desencarnações de amigos e parentes e com a separação, conversaram trocando informações falando onde estavam e o que faziam.

– O melhor é sermos obedientes e trabalhar direito – aconselhou Maria. – Poderia ser diferente, sermos entregues aos antigos senhores ou receber castigos horríveis que dão aos fujões.

– Maria tem razão – disse Miguel. – Acho melhor cumprir nossas obrigações e com dedicação. Estou bem alimentado, a comida tem sal e não trabalho muito.

E foram muitos os comentários:

– Aqui, com certeza, viveremos melhor, não faz tanto frio nem tem pelourinho.

– Mas somos escravos!

– Não há como mudar isso! O melhor para nós é nos adaptarmos e não causar problemas aos nossos novos senhores.

– Que saudade do quilombo!

– Durmo numa cama!

– Ganhei muitas roupas!

Conversaram por umas duas horas, resolveram que não deveriam dar problemas, que trabalhariam, continuariam amigos, não se esqueceriam dos ensinamentos de Pai João e que iriam orar. Voltaram para a casa de seus senhores mais tranqüilos e esperançosos.

A primeira vez que o sinhô Godofredo pediu para Miguel ir comprar algo, ele ficou trêmulo, não sabia como ir nem como comprava. Estava fazendo tudo muito bem-feito, o casal estava gostando de seu trabalho. Em poucos dias a horta vicejava e o quintal estava muito limpo. Ficou parado sem coragem de dizer que não sabia como comprar. Vendo-o indeciso, Tatinha falou:

– Sinhô Godofredo, acho que Miguel nunca comprou nada.

– É verdade, sinhô, nunca fiz isso e não conheço dinheiro – falou Miguel.

– Você vai aprender – disse o sinhô Godofredo sorrindo. – Compramos na venda; no estabelecimento do senhor Manoel tem tudo de que precisamos. Ele marca e pago no final do mês. Você fala a ele o que quer; quando são muitos itens a serem adquiridos, escrevemos e você entrega o bilhete, espera para receber a mercadoria, depois a pega e volta para casa. É só falar que é nosso servo. Entendeu?

– Sim, sinhô.

Miguel ficou encantado com o estabelecimento do senhor Manoel. Lá havia muitas coisas, uma variedade de ferramentas. Pegou a compra e voltou para casa.

Encontrava-se sempre com os companheiros do quilombo, todos estavam sendo bem tratados, mas uns preferiam estar ali, outros lamentavam a falta da antiga moradia, a vida livre dos quilombolas. Todos conviviam com a saudade dos companheiros que desencarnaram e com a incerteza de como estariam os que ficaram.

– Domingo os escravos poderão ir à missa e receber a bênção – falou sinhá Francisca. – Se você, Miguel, quiser ir, poderá.

– Nunca entrei numa igreja. Que faço lá? – perguntou ele.

– Você ficará do lado esquerdo, reservado aos negros. Fará o que os outros vão fazer. Aprenderá a orar, a igreja é a casa de Deus.

– Será que Deus está presente somente nas igrejas? – perguntou Miguel. – Somente lá é que Ele nos escuta?

Sinhá Francisca pensou por instantes para responder:

– Aprendemos que Deus está em todas as partes. Acho que Ele nos escuta e nos vê em qualquer lugar que estejamos. Mas é bom ter um local para orarmos juntos.

Miguel aguardou a visita à igreja com ansiedade, vestiu sua melhor roupa, seu coração disparou ao entrar. Encantou-se com os quadros e as imagens. Sentou-se onde lhe mandaram. Ali estavam muitos negros, cumprimentaram-se com sorrisos. O padre orou; como ele falava em outra língua, latim, Miguel nada entendeu, mas achou muito bonito. Ele não conseguiu orar, porque curioso ficou observando tudo. Quando terminou, pôde conversar com os amigos na praça.

– Miguel – disse Maria –, Inácia, aquela negra ali, está vendo? Está interessada em você. Aqui, negros podem viver juntos, ela gosta de você, quer ser sua companheira e ter filhos.

Miguel olhou a moça indicada, a Inácia. Ele já a tinha visto muitas vezes pela cidade. Era bonita, vistosa, mas não se interessou, não queria envolvimentos. Não quis ser grosseiro com Maria, mas falou com firmeza.

– Maria, não estou interessado nem nela nem em nenhuma outra mulher.

– Esqueça Zefina, Miguel – aconselhou Maria –, ela era mulher de todos.

– Gostei sim de Zefina – respondeu Miguel. – Não quero me envolver de novo e não quero ter filhos para sofrerem com a escravidão. Diga à moça que escolha outro, não quero me envolver com ninguém.

Miguel voltou para casa. Gostou de Zefina, era um sentimento confuso que não sabia explicar, pois queria muito que ela fosse sua mãe. Lembrava-se dela com carinho e não ia esquecê-la. Depois, era velho para ser pai, tinha mais idade do que aparentava e Inácia merecia alguém que a amasse e que fosse mais jovem.

"Por sentimentos sofre-se muito. Não quero gostar de ninguém como companheira", pensou, determinado.

E passou a evitar Inácia, que logo arrumou um companheiro.

Jafé, um amigo que viera do quilombo com eles, foi um dos que nasceram lá e nunca tinha visto um ser humano branco e teve má impressão da raça branca com aqueles que os capturaram. Ao chegar à cidade foi comprado por um casal recém-casado e foi muito bem tratado. Fazia serviços pesados da casa, rachava lenha, pegava água, cuidava da horta, fazia compras e estava contente, gostou de morar na cidade. E, naquele domingo que foram à missa, ele se encantou com uma moça branca.

– Que linda ela é! – exclamou. – Pele branquinha, boca vermelha e seus cabelos são lisos!

– Pare, Jafé! – aconselhou Maria. – Não olhe tanto para a moça. Se os pais dela perceberem, vão se queixar aos seus senhores.

– Será que ela se sente ofendida por eu olhá-la? Ela também tem me olhado.

– É melhor parar com isso! – falou Maria.

Como Miguel fora embora, não viu o que aconteceu, mas Maria contou a ele no outro dia.

– Jafé olhou muito para a moça, e você acredita que ela também ficou olhando para ele? Acabaram conversando por uns momentos e marcaram um encontro. Eu pedi a ele até pelo "amor de Deus" para não ir.

– E ele foi? – Miguel apreensivo quis saber.

– Não sei, mas estou preocupada. Esse envolvimento não vai dar certo – respondeu Maria.

Jafé era neto de branco, seu pai era mulato claro e ele um mulato muito bonito. Passados 12 dias, Jafé procurou Miguel. Queria conversar com ele em particular. Entraram no seu quarto e fecharam a porta.

– Miguel, encontrei-me duas vezes com Rosinha, a moça branca. Na primeira vez, conversamos, ela é agradável, notei que estava muito triste. Na segunda vez, ela me contou o que lhe acontecera. Ela tinha um irmão, digo *tinha* porque ela usou esse termo, ele era da família até que aconteceu a desgraça. O pai mandou o irmão dela para longe, para nunca mais voltar. Ele estuprou Rosinha, machucou-a muito. Foi uma confusão e ela ficou grávida. O pai não quer que ela sofra mais, não quer mandá-la embora de casa nem que falem dele e que saibam do que aconteceu. Rosinha me contou e eu jurei não falar a ninguém. Ela me fez uma proposta: eles me compram, me dão a carta de alforria, eu caso com ela e me torno pai de seu filho. Não sei o que fazer, por isso estou lhe pedindo conselho.

– Jafé, você não deveria ter me contado. Segredo não deve ser violado. Rosinha é de uma família simples, eles são pequenos sitiantes, não têm escravos, são eles que trabalham na terra. Foi muito triste o que aconteceu com eles, ela não teve culpa. Você somente deve aceitar se gostar dela.

– Não sei se gosto! Acho-a bonita. Acho os brancos bonitos. Se casar, vou trabalhar no sítio e serei livre – falou Jafé.

– Pense bem – aconselhou Miguel. – Se aceitar, seja bondoso com Rosinha, que já sofreu muito. Prometa que será um bom marido, tente adaptar-se ao modo como eles vivem.

– O que você faria em meu lugar? – Jafé quis saber.

– Primeiro, não olharia para nenhuma mulher branca. Mas já que olhou e foi aos encontros, deve tentar ajudá-la. Case, seja um bom marido e pai.

– Pai de filho do outro?

– Você teve um bom padrasto – Miguel falou lembrando-o. – Seu pai morreu quando você tinha dois anos, e sua mãe teve outro companheiro e você gostava dele.

– É verdade! Mas tanto ele como eu sabíamos que meu pai era outra pessoa – respondeu Jafé.

– É somente você pensar que é o pai, é fácil amar uma criança. Nunca faça mal a ninguém, Jafé. Seja sempre bom – aconselhou Miguel.

Jafé foi embora pensativo, mas aceitou porque no dia seguinte os moradores da cidade comentavam:

– Os dois estavam namorando, encontravam-se pelo mato!

– Dizem que ela está grávida!

– O pai de Rosinha comprou-o, o casal o liberou facilmente.

– Jafé obteve a liberdade para casar com Rosinha.

Jafé recebeu a carta de alforria, foi batizado e sete dias depois se casaram e ele foi com a esposa morar numa casinha no sítio. Miguel e os companheiros foram ajudá-los a reformar a casa. Em mutirão, em dois domingos deixaram a casa bonita e arrumada.

– Acho, Miguel, que vou trabalhar muito aqui. Esses brancos são muito trabalhadores.

Rosinha teve o filho, um menino branco. Ela era trabalhadeira e Jafé com perseverança trabalhava muito. O casal era alvo de muitos preconceitos. Os negros achavam que Jafé deveria ter escolhido para companheira alguém de sua raça, e os brancos, que Rosinha nunca deveria ter se envolvido com um negro. O casal no começo teve alguns desentendimentos. Ela se queixava de que Jafé não era educado; ele, que Rosinha casou-se por necessidade.

Miguel conversou com eles muitas vezes. Eles continuaram juntos e tiveram seis filhos. Jafé procurava sempre Miguel quando estava com problemas. E depois de anos juntos descobriram que se amavam; foi quando Rosinha ficou doente, e ele sentiu que ia perdê-la e ela, que iria morrer. Miguel cuidou dela com chás de ervas e muitas orações. Quando ela se recuperou, os dois tiveram uma boa convivência.

Miguel logo percebeu que seus senhores tinham muitos problemas. Idosos, eram doentes e ele, solícito, passou a fazer chás com as ervas que conhecia, a lhes preparar remédios para dores e, enquanto os fazia, orava querendo aliviar seus males.

Além das doenças, seus senhores tinham muitas outras dificuldades. Tiveram seis filhos, dois morreram quando crianças. Um foi estudar em outro país, em Portugal, e não deu mais notícias. Sinhá Francisca às vezes chorava de saudades e por não saber o que aconteceu com ele. Um filho morava no Rio de Janeiro e escrevia raramente, havia se casado, tinha filhos e não se preocupava com os pais. A filha morava na mesma cidade, era casada com um oficial e também não se importava com os pais, achava que eles se queixavam muito e visitava-os poucas vezes. Ela tinha dois filhos, e o mais velho era um menino muito levado e mau. Quando eles vinham visitá-los, Miguel escondia-se no seu quarto até que fossem embora. O outro filho deles morava numa cidade próxima; era o que ajudava os pais e se preocupava com eles.

A filha, sinhá Martina, veio avisá-los de que o marido fora transferido e iriam mudar para São Paulo, que ficava longe de onde moravam. Ela estava alegre.

– Mamãe, vou morar numa cidade grande! Meu marido foi promovido, vai ganhar mais.

– Vamos sentir a falta de vocês – queixou-se a sinhá Francisca.

– Os senhores se acostumam. Eu sempre quis morar numa cidade grande. A viagem é demorada e os senhores, idosos, não agüentariam, por isso não vou convidá-los para ir nos visitar e nós não queremos voltar mais aqui.

Ela saiu e sinhá Francisca ficou chorando.

Dias depois, vieram se despedir, iriam partir no outro dia cedinho. O menino, filho da sinhá Martina, olhou para Miguel e disse:

– Negro inútil! Você um dia será meu e aí aprenderá a servir, vou lhe bater muito!

Miguel estremeceu diante do olhar maldoso e irônico daquele ser humano ainda criança. Ficou quieto olhando-os irem embora e pensou: "Como não acreditar que não voltamos a nascer em outros corpos? Esse menino deve ter vivido muitas vezes e trouxe em sua bagagem, ao retornar à carne, raiva e rancor".

Sinhô Godofredo e sinhá Francisca ficaram tristonhos com a partida da filha, que viajaria com a família de carruagem por dias; depois iriam de navio pelo mar até Santos e novamente de carruagem até São Paulo.

Sinhô Godofredo tinha pouco dinheiro. Eles possuíam mais duas casas, que alugavam, e era o filho Floriano, que morava na cidade perto, que mandava dinheiro a eles. Miguel então sugeriu que o sinhô fosse com ele caçar e pescar para terem alimentos mais baratos. Assim, à tarde, eles iam sempre caçar ou pescar. E com Miguel cuidando melhor da horta, criando porcos e galinhas tinham mais alimentos. Ele buscava lenha no mato e, dessa maneira, não precisavam mais comprá-la. Assim o casal passou a economizar.

Numa caçada, o sinhô Godofredo falou entusiasmado:

– Miguel, olhe aí, acho que é um veado!

Miguel olhou e viu o espírito de um negro com gorro vermelho na cabeça.

– Acho, sinhô, que o animal deve ter corrido para aquele lado – respondeu Miguel apontando para a sua direita.

O sinhô Godofredo foi para a direção indicada, Miguel olhou o vulto e perguntou baixinho:

– Quem é você?

– *Saci-pererê!*[10] – respondeu o espírito também em tom baixo.

– Sei que você é um espírito – falou Miguel. – Por que se veste assim? Por que está aqui?

– *Você não tem medo de mim?* – perguntou o espírito estranhando.

– Não, não tenho.

Mas Miguel sentiu medo, rogou para Pai João ajudá-lo e logo sentiu a presença dele ao seu lado, o que o incentivou a conversar com aquele desencarnado que dizia ser o Saci-pererê.

– Por que você diz ser o Saci-pererê? – perguntou Miguel.

Ele gargalhou. Olhou para Miguel, saiu detrás de uma árvore e ficou na sua frente. Era um negro jovem, bonito, vestido com uma calça curta vermelha e o gorro.

– *Gosto de ser assim. Algo contra?*

– Não, nada contra – respondeu Miguel. – O que faz por aqui?

10. Segundo o folclorista Câmara Cascudo, "o menino negro de uma perna só é uma entidade zombeteira que costuma andar por florestas e fazendas criando confusão, assustando viajantes e aprontando outras traquinagens". (N.E.)

– Você pergunta demais. Mas vou responder. Cuido da mata. Não gosto que cacem os animais.

– Também não gosto de matá-los, faço-o por necessidade. Precisamos comer.

– Você até entendo; mas e o branco? Ele caça para comer? – perguntou o espírito.

– Brancos também são pobres. Meus senhores são pobres e a caça é o nosso alimento.

– Está bem; então, podem caçar.

– Não quer conversar um pouco? O que um morto como você faz aqui se passando por saci?

– Gosto, já disse – respondeu o espírito. *– Apareço como saci porque sou um. Sei manipular fluidos para fazer com que me vejam, mas poucas pessoas conseguem me ver.*

– Você poderia viver num lugar lindo! Não quer ir? – perguntou Miguel.

– Aqui é lindo! Sou livre! Amo as florestas!

– Será que você não gostaria de aprender outras coisas?

– O que, por exemplo? – perguntou o espírito curioso.

– Ler e escrever – respondeu Miguel.

– Olhar no papel desenhado e saber o que foi escrito? E desenhar aqueles tracinhos?

– Sim.

– Gostaria. Fui escravo e meu corpo morreu de febre. Sempre gostei da mata e passei a morar aqui, tornei-me um saci. Às vezes, sinto-me sozinho. Antes achava graça em assustar as pessoas; agora acho que já cansei.

– Aqui está um amigo meu, Pai João. Se quiser, ele o levará para um lugar bonito e para uma escola.

Ele viu Pai João, observou-o bem, perguntou para onde iria e se na escola havia castigos. Pai João respondeu sorrindo que ele iria para um local onde vive somente espíritos e que as escolas eram locais agradáveis. Ele foi com Pai João.

– Miguel, não vi nada ali – disse o sinhô Godofredo voltando para perto de Miguel. – Mas tive a impressão de escutar sua voz. Estava falando com alguém?

– Estava cantando – respondeu Miguel.

– Você vai espantar nossa caça.

– Desculpe-me, não canto mais.

E, à noite, quando Miguel viu Pai João em seu quartinho, perguntou curioso:

– Aquele era um saci? Haverá mais sacis?

– *Nunca houve* – respondeu Pai João –, *mas sim desencarnados que tomam muitas formas, principalmente de personagens de histórias que ouviram. Desencarnados que gostam das matas, optam por ficar nelas, muitas vezes tomam forma de figuras folclóricas para assombrar, se divertem com o medo das pessoas. São muitos os que se passam por sacis, lobisomens, mulas-sem-cabeça e no futuro com certeza serão outros personagens. Aquele moço que encontramos hoje gostou da colônia, mas já quis ler na primeira aula. Disse-me que não sabe se terá paciência para ficar indo dias e dias para aprender a ler e escrever. Mas creio que ele ficará, pois gostou da professora.*

– Ele achava que era saci mesmo ou usava esse disfarce para enganar? – Miguel quis saber.

– Existem desencarnados que se iludem tanto que acreditam ser mesmo algo assim. Aquele moço sabia quem era e se passava por saci para se divertir, mas queria mesmo proteger os animais e a mata.

Pai João ficou em silêncio por instantes e depois voltou a falar elucidando Miguel:

– Meses depois que desencarnei, participei de um socorro a um espírito sem cabeça que assustava um lugarejo. A assombração aparecia com roupas simples para as pessoas e a cabeça debaixo do braço esquerdo. Os habitantes do lugar estavam apavorados. Para ajudá-los, nós, que trabalhávamos em ajuda àquelas pessoas simples, necessitávamos saber o que tinha acontecido.

"Soubemos que anos antes aquele homem morava com a família nesse lugar. Ele era o segundo filho de uma família numerosa de lavradores, o casal tinha oito filhos homens. Ele casou-se e a jovem esposa era bonita e leviana. O recém-casado descobriu que ela o traía com seu pai. Resolveu, então, matar o pai e foi enfrentá-lo com um facão; discutiram, o irmão mais velho ao interferir para defender o genitor acabou sendo morto pelo irmão e ele assassinou os dois, pai e irmão, degolando-os com o seu facão afiado. A mãe, desesperada, o maldisse: 'Filho maldito! Vagará pela eternidade sem cabeça!'

O assassino fugiu com a esposa e, em todos os lugares que passavam, logo ela arrumava amantes. Ele a amava, mas um dia a abandonou, foi para uma mata e viveu solitário até morrer. A família sofreu muito com a tragédia. Venderam a propriedade e foram embora para longe. A mãe e os outros seis irmãos não o perdoaram. Quando ele, o assassino, desencarnou, lembrou da maldição da mãe e, de repente, viu-se sem a cabeça, pois nada fazia a cabeça ficar no pescoço. Passou a segurá-la, e ele enxergava, falava, ouvia e raciocinava. Voltou para sua antiga casa para pedir perdão à mãe e aos irmãos. Não os encontrou, pois ali moravam pessoas para ele desconhecidas. Resolveu ficar por ali até encontrá-los. E muitas pessoas viam aquele espectro: o homem sem-cabeça.

Para socorrê-lo, fomos atrás dos familiares envolvidos. O pai e o irmão assassinados estavam reencarnados. Numa ação muito especial, cuidadosa, enquanto dormiam, o espírito deles foi afastado do corpo e levado a um posto de socorro e lá o senhor sem-cabeça lhes pediu perdão. Os dois, por estarem reencarnados, não sabiam direito o que lhes acontecera e o perdoaram. Os irmãos, os outros seis, estavam desencarnados, e três deles estavam no umbral e os socorremos. 'Perdoar para quê?', disse um deles, 'fui para aquele lugar horrível por causa dele. Sem meu pai, com a família desestruturada, fui roubar para sustentar nossa mãe, que ficou louca'. 'Agora, por causa dele, nós o estamos socorrendo e vamos levá-lo para um bom lugar', replicou o nosso orientador. Foi preciso muita conversa para convencer os seis irmãos a perdoá-lo.

O encontro foi emocionante, o desencarnado sem-cabeça chorou muito, escutou os irmãos, falou de si e se reconciliaram. Mas faltava a mãe. Ela estava internada numa enfermaria de um posto de socorro, completamente perturbada. Com a tragédia, muito sofrimento, mas principalmente pelo ódio, rancor do filho assassino e da nora, ela se perturbou, danificou seu cérebro, adoeceu e, como o ódio continuou forte, desencarnou e continuou perturbada e ainda não havia se recuperado. Os seis filhos passaram a visitá-la e a conversar com ela. Quando achamos que ela poderia receber o filho assassino, o levamos para vê-la. Ele chorou muito, pediu, implorou por perdão. Quando ela viu que ele estava sem a cabeça, exclamou: 'Coitadinho de você, por que não está com a cabeça no pescoço?' 'A senhora me amaldiçoou', respondeu ele. 'Não foi de coração. Quis somente que se arrependesse. Chegue perto, vou colocar sua cabeça no lugar'. E colocou e lá ficou. Chorando muito se abraçaram. Ele, arrependido mesmo, foi socorrido e ela melhorou muito. Meses depois, aquela mãe que sofrera tanto estava recuperada porque perdoou. E o lugarejo ficou livre da assombração do homem sem-cabeça.

Mas não me surpreenderia se alguns desencarnados que vagam sem ter o que fazer de útil resolvessem modificar seu perispírito e ficassem por aí assombrando, imitando o homem sem-cabeça."

– Que história incrível! – exclamou Miguel, que prestava muita atenção. – O senhor não sabe mais nenhuma? Gostei de escutá-lo.

– *Ontem, fizemos um socorro interessante* – falou Pai João. – *Um desencarnado que foi branco estava com um chicote e queria bater em qualquer negro que encontrasse. Um grupo de desencarnados negros o pegou e ele se transformou, tornou-se negro. Confuso, o grupo me chamou. Conversei com ele. Ele foi negro na sua última encarnação, um escravo que serviu a casa-grande, não foi maltratado, mas sentia muita inveja dos seus senhores e queria ser branco. Desencarnou e ficou vagando, aprendeu a modificar seu perispírito e tornava-se branco. Embora o seu sinhô não usasse o chicote, ele tinha vontade e passou a ter um. Conversamos por horas, ele sentia muita inveja, está tão preso a querer ter, possuir, que não tive como socorrê-lo. E ele continua por ali, ora branco arrogante querendo obediência, ora negro correndo. Quando cansar, receberá ajuda.*

– Como nós fazemos confusão! – exclamou Miguel. – Querer ser branco para mandar, castigar. Não serviu de nada a encarnação em que foi negro e escravo.

– *Quem não aprende uma lição, tem de repeti-la!* – exclamou Pai João.

O espírito amigo foi embora e Miguel dormiu tranqüilo.

Jussara, a companheira de Tião, não se recuperou do trauma sofrido. Os senhores que compraram o casal eram bondosos, trataram-na bem, mas Jussara desencarnou. Todos ficaram muito tristes. Tião sofreu muito e Miguel, ao ver seu corpo físico morto, teve certeza de que ela foi socorrida, amparada.

O grupo dos ex-moradores do quilombo continuou unido pela amizade e sempre que possível um ajudava o outro. Encontravam-se, conversavam, recordavam com saudades dos que ficaram ou desencarnaram e também dos ensinamentos do Pai João.

8
A montanha

Numa manhã, um servo escravo de Floriano veio avisar que ele havia falecido de madrugada. A notícia trouxe muito sofrimento ao casal idoso. Miguel sentiu muita pena. Eles foram de carroça até a cidade e ficaram lá por cinco dias. Voltaram muito tristes.

– Miguel – explicou sinhá Francisca –, nosso filho Floriano teve de madrugada um ataque do coração e morreu. Ele era viúvo, nossa nora faleceu há três anos. Ele tinha cinco filhos, somente o caçula é solteiro. Estamos sofrendo muito!

– Era ele que nos ajudava financeiramente. Temos de nos organizar sem esse dinheiro – lastimou sinhô Godofredo.

– O sinhô permite que eu dê uma opinião? – perguntou Miguel e, como sinhô Godofredo fez sinal afirmativo com a cabeça, voltou a falar: – Dê a carta de alforria a Tatinha. Será uma despesa a menos. Ela ultimamente tem feito poucas atividades e até mora em outro lugar. Sem ela na casa, será uma a menos para comer, o sinhô não precisará lhe dar alimentos e roupas. A sinhá pode cozinhar e eu farei o resto do serviço.

– Você é inteligente, Miguel! – exclamou sinhá Francisca. – Bendita a hora que o compramos. Tem nos ajudado muito, é econômico; além disso, com sua pesca, caça, horta e com os animais que criamos, nossa despesa será pouca e se dermos a carta de alforria a Tatinha, poderemos viver com nossas economias.

– Você não quer sua carta de alforria? – perguntou sinhô Godofredo.

– Quero, mas se os senhores me derem, continuarei aqui.

– Por quê? – perguntou o sinhô Godofredo.

– Primeiro, porque gosto dos senhores; segundo, porque sei ser grato, depois não tenho para onde ir.

– Você promete ao ser liberto ficar conosco? – Sinhá Francisca quis que ele confirmasse.

– Fico sim! – afirmou Miguel convicto.

Miguel pensou que seria bom ter a carta de alforria somente porque temia ter outros senhores, principalmente pertencer à filha deles e ter de servir aquele garoto que lhe prometera o chicote.

– Miguel – disse o sinhô Godofredo –, estou pensando em vender as outras duas casas, guardar o dinheiro e ir usando-o. Francisca tem algumas jóias, que podemos ir vendendo, assim poderemos viver com dignidade até Deus nos chamar. Tomás, nosso querido neto, virá aqui para me ajudar.

Na semana seguinte, Tomás, um jovem muito simpático, bondoso, veio visitar os avós e ajudou o sinhô Godofredo a vender as duas casas e fazer as cartas de alforria para Miguel e para Tatinha, e, deixando tudo acertado, Tomás partiu. Tatinha ficou contente, mas reclamou que não ia mais receber alimentos e roupas dos senhores.

– Tatinha – disse Miguel –, seja grata e não reclame. Aqui você é bem tratada, mas o sinhô Godofredo e a sinhá Francisca estão idosos. Se eles morrerem, você terá outros senhores. Já pensou pertencer à sinhá Martina? Terá de ir embora e com certeza não será tratada como é aqui.

– Você tem razão, Miguel, vou agradecer muito a Deus e aos meus ex-senhores.

Ela não foi mais trabalhar. O casal passou a fazer algumas tarefas na casa e isso foi bom para eles. Miguel passou a trabalhar mais, porém estava contente. A rotina era tranqüila, iam pescar, caçar, e as finanças do casal estavam equilibradas.

Sinhô Godofredo escreveu aos filhos contando das dificuldades e que havia vendido os dois escravos e as duas casas. Recebeu resposta do filho que dizia que, com a venda das casas, eles teriam dinheiro e que ele então não precisaria se preocupar com eles. A filha respondeu que era um absurdo eles terem vendido os bens e que certamente estavam em dificuldades por gastarem com supérfluo.

Miguel fazia chás para o casal como também para outras pessoas. Sempre alguém lhe pedia uma erva para dores diversas. Ao dar ervas ou chás, ele orava pedindo que a pessoa melhorasse e dava resultado. Até o padre lhe pediu para suas dores de estômago.

Miguel não sonhava mais com aquela casa enorme nem com os olhos azuis; raramente se lembrava de seus sonhos. Às vezes, conversava com companheiros do quilombo que desencarnaram e com Zefina, que se mostrava sadia e bonita. Quando fazia seus chás ou preparava ervas, sentia junto de si Pai João e isso o confortava.

Todas as vezes que era permitida a entrada de negros na igreja, ele ia e tentava acompanhar as orações, mas gostava mesmo era de orar conversando, expressando o que sentia. Aprendeu muito na cidade, com a convivência com os que sabiam mais. Falava com mais acerto, aprendeu a se comportar, a sentar em cadeiras, a cumprimentar e a ser gentil.

Quando fez quatro meses que Floriano desencarnou, Miguel viu-o passar pela cozinha. A sinhá Francisca estava na sala e começou a chorar, reclamar da solidão e que sofria. Miguel orou pela alma dele, e a sinhá se acalmou. Dois dias depois, sinhá Francisca e Miguel estavam na cozinha preparando o almoço quando ele viu Floriano novamente, que entrou e ficou de pé olhando-os. Bateram na porta e sinhá levantou-se para atender a vizinha que a chamava. Miguel tentou um contato com o aquele espírito, olhou e falou mentalmente:

"Bom dia, sinhô Floriano!"

"*Até que fim alguém me dirige a palavra. Um negro escravo! Você pode me dizer o que está acontecendo? Todos fingem não me ver, até mamãe, que nunca antes agiu assim. Estou confuso!*"

Miguel, sem rodeios, respondeu achando que era melhor esclarecê-lo de vez.

"O senhor faleceu! Faz quatro meses que morreu!"

"*O quê?! Você está louco? Meus pais estão caducos para aturar um escravo abusado!*"

Num salto aproximou-se de Miguel segurando com as mãos seu pescoço.

"*Seu negro vadio, mentiroso! Não estou achando graça na sua piada.*"

Miguel sentiu-se sufocado pela energia dele, não por suas mãos, porque Floriano agora desencarnado usava, como todos os que partem para o plano espiritual, outro corpo, o perispírito, e este não tem como apertar o corpo da matéria. Mas Miguel viu, sintonizou, recebeu a energia de Floriano, que estava perturbado, sofrendo, e naquele instante transmitia a Miguel a raiva de ser ignorado e de seu sofrimento. Apesar de ter se assustado, pediu ajuda a Deus, chamou por Pai João e lembrou que o antigo líder do quilombo chamava, em situações difíceis, por Jeremias. Miguel viu duas luzes, percebeu que uma era Pai João e a outra certamente seria Jeremias, que, com delicadeza, tiraram Floriano de perto dele e o fizeram sentar numa cadeira. Pai João falou e Miguel sentiu seus dizeres em sua mente:

– Miguelo, repita para ele o que vou lhe dizer, fale com calma.

E ele repetiu, falando baixinho:

– Sinhô Floriano, todos nós que nascemos um dia teremos de voltar para a espiritualidade. A morte do corpo físico é algo comum e natural. O corpo pára suas funções e morre. Nosso espírito sobrevive, a alma não morre, então nos confundimos, apesar de esse processo ser muito simples. Vamos recordar um pouquinho? Na madrugada de sábado, o senhor acordou com dores fortes no peito e depois voltou a dormir. O que aconteceu foi que, na segunda vez que o senhor dormiu, seu corpo físico morreu. O sinhô não deve se apavorar! Como não entendeu o que aconteceu, ficou na sua casa e veio ver seus pais. Eles não conversam com o senhor porque não o vêem. Eu vejo porque tenho um dom para isso e quero ajudá-lo.

– Você não está mentindo! De fato, lembro-me da dor que senti; eu dormia, acordava, pensei que fosse morrer de tanta dor; então perdi os sentidos e acordei num lugar estranho. Escutei choro, meus filhos e meus pais me chamavam, quis ver o que acontecia com eles e, sem saber como, fiquei perto deles. Está sendo terrível! Eles não me vêem nem falam comigo.

– Se o sinhô olhar para seu lado direito, verá dois amigos meus, dois negros bondosos que lhe explicarão direitinho o que aconteceu com o senhor e o levarão para uma morada onde estão os mortos da carne, mas vivos em espírito.

Floriano viu os dois espíritos, sorriu, foi ficando com sono e dormiu. Jeremias pegou-o e Pai João abraçou Miguel se despedindo.

– Miguel, vamos levá-lo para um bom lugar, porque Floriano é uma boa pessoa, perturbou-se por não conseguir ficar longe dos filhos e dos pais, agora ele ficará bem.

Partiram. Logo em seguida, sinhá Francisca entrou na cozinha.

– Miguel, antes de atender a porta senti um aperto no peito... mas passou, agora estou tranqüila.

Miguel não viu mais Floriano e, quando sentiu Pai João perto de si, perguntou pelo filho de sua sinhá.

– *Floriano está bem, encontrou-se com a esposa e os dois estão aprendendo a viver na espiritualidade* – respondeu Pai João.

Sinhô Godofredo ficou doente, alimentava-se com dificuldades, sentia muita fraqueza e ficou acamado. Um médico, trazido pelo neto Tomás, veio atendê-lo, e o diagnóstico foi pessimista. Ele estava muito doente e não se recuperaria, pois possuía feridas internas que doíam muito. Sinhô Godofredo tinha câncer no aparelho digestivo.

Tomás trabalhava numa cidade vizinha, mas dois domingos por mês ele vinha visitar os avós. Miguel e sinhá Francisca cuidavam do doente com toda a dedicação. Nas crises de dores intensas, Miguel fazia chás fortes, que lhe dava às colheradas, orava muito e elas somente suavizavam o sofrimento do enfermo. Foram meses de muito trabalho para os dois e de muitas dores para o sinhô Godofredo, que raramente dormia. A sinhá Francisca gastou muito do dinheiro da venda das casas.

Numa manhã, enquanto higienizavam o doente, sinhô Godofredo falou com dificuldade:

– Francisca, estou vendo o nosso Floriano, a nossa nora e dois negros muito radiantes, acho que estão vindo me ajudar. Vou partir, minha velha, minha alma vai para o Além. Não sofra por mim! Você ficará bem com o Miguel.

Falou mais algumas palavras que eles não entenderam, depois ficou quieto, sorriu e desencarnou. Sinhá Francisca sofreu muito, Miguel ficou ao seu lado no velório. Todos da cidade foram dar os pêsames. Da família que morava longe, somente os netos, filhos de Floriano, estiveram no enterro. Tomás foi o único que pernoitou com a avó, mas teve de partir no dia seguinte e, antes de ir, conversou com Miguel e com a avó.

– Miguel, você é liberto, poderá partir quando quiser. Responda-me com sinceridade, você tem intenção de ir embora?

– Não, sinhô Tomás, não deixarei a sinhá Francisca, a não ser que ela não me queira mais aqui.

– Miguel, por que você quer ficar aqui, trabalhar somente por casa e comida?

– Sinhô Tomás, o que posso desejar de diferente? O que é nosso realmente? Seu pai morreu, o sinhô Godofredo também, o que eles levaram consigo? Eu não tenho nenhum parente, fui tratado pelos seus avós com bondade, eu gosto deles, gosto muito de sua avó. O sinhô não se preocupe, cuidarei dela com dedicação.

– Pelo meu trabalho não posso vir muito aqui, estou morando num quarto alugado e enquanto não me casar não tenho como levar vovó comigo.

– Tomás, agradeço seu carinho – falou sinhá Francisca. – Não quero que você se preocupe comigo, desejo continuar vivendo nesta cidade, aqui sou conhecida de todos os moradores, tenho muitos amigos, não quero sair desta casa. Ficarei bem. Miguel é uma boa pessoa, ajudou-me tanto na doença do meu Godofredo!

– Vovó, repartimos os poucos pertences de papai, deu pouca coisa para cada um, meu salário mal dá para meus gastos, não tenho como ajudá-la financeiramente. Aconselho que não passe aperto. Conforme necessite, vá vendendo as jóias, os objetos de valor que possui.

– Não passaremos necessidades, sinhô Tomás – afirmou Miguel. – Vou continuar caçando, pescando, buscando lenha, temos a horta sortida e animais. Nossas despesas serão poucas.

– Vovó, dê as roupas do vovô a Miguel, ele merece. Vou partir, voltarei no final do mês. Se cuide! A bênção!

Sinhá Francisca chorou ao se despedir do neto. Quando ficou a sós com Miguel, falou emocionada:

– Nunca tive muitas jóias, minha filha pegou para ela as melhores. Tenho pouco dinheiro, esta casa, dois quadros, toalhas de renda e uns anéis que renderão muito pouco.

– Vamos nos organizar, sinhá Francisca, não precisaremos de muito, compraremos somente sal, açúcar e alguns cereais. Vamos ficar bem.

Sinhá Francisca deu as roupas do sinhô Godofredo a Miguel e ele continuou a caçar, a pescar e a trabalhar mais ainda. A sinhá também se ocupou e isso a ajudou a se conformar com o falecimento do marido.

Miguel continuou a fazer chás, ungüentos e a benzer. Era procurado por mães para benzer os filhinhos e por doentes. Miguel recitava baixinho algumas fórmulas, mas o que fazia mesmo era desejar com amor que aquele a quem benzia ficasse bem. Às vezes, tinha a sensação de que saía algo de si e, na maioria das vezes, sentia a presença de Pai João ou de Zefina por perto. Miguel sentia-se bem, tranqüilo e feliz.

Tomás ia visitar a avó uma vez por mês, chegava à tarde, pernoitava e no dia seguinte, logo após o almoço, partia. Outros netos iam algumas vezes, mas para descansarem na casa da avó. Davam muito trabalho a Miguel e à sinhá Francisca, e gastos também. A sinhá então não os convidou mais e, se escreviam perguntando se podiam ir, ela respondia que estava adoentada e que não tinha dinheiro para as despesas com extras. E ela realmente não se sentia bem. Com a idade, sofria com diversas dores: era o reumatismo, as indisposições... e do dinheiro que ela ainda tinha guardado, pegava somente para comprar o essencial. Os netos então pararam de ir vê-la, até porque não queriam ajudá-la. O outro filho e a filha escreviam raramente respondendo depois de muitas cartas enviadas por ela e nunca mandaram nenhuma ajuda.

Tomás era aguardado com carinho pelos dois. Miguel caçava ou pescava, a sinhá caprichava no almoço. Numa das vindas, Tomás convidou Miguel para que se sentasse com eles na sala, porque iria ler um texto do Evangelho.

– Este livro – mostrou Tomás – é a *Bíblia*. Aqui está escrita a história do povo judeu, dividida em duas partes: Antigo e Novo Testamento. No Novo, encontramos os Evangelhos, quatro evangelistas escreveram sobre Jesus. Essa *Bíblia* está escrita em latim, um professor que mora na cidade em que resido traduziu alguns textos, que copiei. Vou ler para vocês o Sermão da Montanha, que foi escrito por Mateus.

E começou a ler devagar:

– Jesus disse bem-aventurados...

Miguel arrepiou-se, encantou-se com a leitura.

"Onde escutei esses ensinamentos? São lições de bem viver e que todas as pessoas deveriam seguir", pensou.

Maravilhado, prestou muita atenção e acabou por chorar emocionado.

– Miguel, por que chora? – perguntou sinhá Francisca.

– Achei tão bonito o que o sinhô Tomás leu! – respondeu comovido. – Jesus foi um ser maravilhoso!

– Foi, não, é! – exclamou Tomás. – Os ensinamentos de Jesus foram muito importantes para os que tiveram o privilégio de escutá-lo, e é agora para nós que podemos repetir e será com certeza no futuro para outras pessoas. Jesus é um espírito que nos ama, podemos tê-Lo presente em nossa vida, basta seguirmos seus ensinamentos.

– A sinhá Francisca poderia ler essas folhas para nós, à tarde, isso se o sinhô Tomás deixá-las aqui – falou Miguel.

– Posso deixá-las, copiarei de novo para mim – concordou o moço.

– Sei ler, mas não enxergo direito – disse a sinhá.

– Ora, vovó, pegue a lupa do vovô! – exclamou o neto.

E, assim, muitas tardes, os dois sentavam-se nas poltronas na sala e sinhá Francisca lia um texto. Eram somente 30 folhas, do Evangelho de Lucas contando o nascimento de

Jesus, de João, a crucificação, dois milagres do Evangelho de Marcos e as bem-aventuranças de Mateus.

– Hoje vou ler o Sermão da Montanha – falou sinhá Francisca. – É a parte de que você mais gosta, não é Miguel?

Mas quando ela ia começar a ler, uma vizinha a chamou para lhe dar algo. Miguel ficou pensando.

"Sermão da Montanha! Meu Deus! Pai João me disse ao jogar as pedras que eu deveria prestar atenção numa montanha, pois era ela que me daria a liberdade que eu desejava. A carta de alforria não fez diferença na minha vida. Não senti a liberdade que queria. Que liberdade será essa? Do meu espírito? Montanha? Será essa a montanha? Os ensinamentos desse sermão? Com certeza! Acho que se todos compreenderem e fizerem o que foi recomendado nesse maravilhoso sermão, será libertado pelo espírito. Quero escutá-lo sempre com atenção e fazer direitinho o que recomenda esse precioso ensinamento."

Quando a sinhá voltou, ele perguntou:

– Por que esse texto chama Sermão da Montanha?

– Uma multidão de pessoas seguia Jesus e, na encosta de um monte, o Mestre ficou num local mais alto, as pessoas acomodaram-se e Ele ensinou, proferindo esses ensinamentos.

– Era monte ou montanha? – Miguel quis saber.

– Não sei. Tomás uma vez me disse que no lugar em que Jesus viveu e fez esse pronunciamento não existem montanhas altas, mas sim montes. Não faz diferença se era um ou outro, ficou conhecido por montanha. O que importa são os ensinamentos legados.

Maria veio uma tarde conversar com Miguel.

– Minha sinhá pediu para vir aqui contar a você o que está nos acontecendo. Tem uma assombração lá em casa!

Como Maria calou-se e ficou olhando para Miguel, ele perguntou:

– Assombração? Espírito de uma pessoa que teve o corpo morto?

– Aqui eles chamam de assombração, alma penada, quando não colocam a culpa no demônio – respondeu Maria. – O fato é que está assombrando todos. O padre foi lá, jogou água benta, orou e por três dias nada aconteceu, depois a coisa ruim voltou.

– Como sabe que é ruim? – Miguel quis saber.

– Pela sensação, fico arrepiada, trêmula e sinto que é uma energia má – explicou Maria.

– Pode ser medo.

– De fato, sinto medo, não sentia no quilombo porque lá sabia que Pai João nos defendia. Vou contar a você o que acontece no lar dos meus senhores: velas e lampiões são apagados, portas e janelas batem, xícaras são quebradas, escutamos bater palmas e até cobertores são puxados. Eles já escutaram risadas, eu não escutei. Comentei fatos acontecidos no quilombo e que você uma vez ajudou Pai João a enxotar uma alma penada. A sinhá pediu para ver se você não poderia ir lá e ordenar à "coisa ruim" que vá embora.

– A que hora costumam acontecer esses fenômenos? – perguntou Miguel.

– Não tem horário, mas piora à noite.

– Vou orar e me preparar. Se Pai João e Jeremias me disserem que me ajudarão, vou lá depois de amanhã.

– Você tem visto Pai João? – perguntou Maria esperançosa. – Por favor Miguel, pergunte a ele dos meus filhos.

Maria foi embora e sinhá Francisca saiu detrás da porta. Ela sempre escutava as conversas que as pessoas tinham com Miguel, que não se importava porque ela era discreta.

– Miguel – falou a sinhá –, você pode conversar com os mortos? Eu também quero saber notícias de Godofredo e Floriano. Você vai mesmo tirar a assombração de lá?

– Vou somente orar, sinhá Francisca. Não converso com os mortos, nada faço além de orar.

– Que pena! – exclamou a sinhá.

– O sinhô Godofredo e o sinhô Floriano estão bem. Eram pessoas boas e nós sabemos que seres bondosos quando morrem vão para o céu.

– Você tem razão, eles estão no céu!

Miguel orou e pediu a Pai João para vir ajudá-lo.

– *Que quer, Miguelo?*

Miguel viu o espírito amigo sorridente.

– Para mim, nada, Pai João. Maria quer saber de seus filhos e na casa em que ela está servindo tem um espírito perturbado. Pediram-me ajuda e não sei o que faço. Lembrei o que aconteceu com o senhor, que tentou ajudar e não foi compreendido.

– *Os tempos são outros, meu amigo. Eu era escravo e você é liberto, tinha companheira e filho e você não os tem. Mas é melhor se precaver. Explique bem para os que vierem procurá-lo que você não pode acertar tudo nem curar a todos. Diga a Maria que seus dois filhos estão bem no quilombo. Foram 11 os que ficaram.* – Pai João falou os nomes. – *Eles vivem como irmãos, sentem saudades, estão bem, porém sofridos. Com certeza, abreviarão o período de estágio no corpo físico de tanta tristeza. Mas fale a ela que estão bem. Vá, Miguelo, à casa em que Maria mora às seis horas. Peça licença para orar sozinho na sala. O espírito que os está incomodando é um sobrinho do sinhô que se sente ultrajado e acha que foi humilhado por eles. Converse com o desencarnado mentalmente, fale da necessidade de perdoar e de ir para um local onde sentirá paz. Vou junto; o espírito não me verá porque estamos em sintonias diferentes, mas depois de conversar com você, tentarei fazer com que ele me veja e vou convidá-lo para ir embora comigo.*

No outro dia, no horário marcado, Miguel foi à residência dos senhores de Maria. Chegando lá, pediu para ficar sozinho na sala, começou a orar e logo sentiu a presença do desencarnado e conversou com ele mentalmente. E ficou sabendo que os tios dele, os senhores da casa, quando o avô dele morreu, ficaram com bens materiais que seriam herdados por sua mãe e que por isso passaram dificuldades – e enumerou-as. E que agora que ele poderia perturbá-los, fazia-o com satisfação. Miguel tentou fazer com que ele entendesse que quem sofria era ele, que poderia ficar bem se perdoasse e fosse cuidar de seus interesses.

– *Você fala assim porque não foi você o prejudicado. E eles não me pediram perdão.*

– Para tudo o que nos acontece existe razão – insistiu Miguel. – Os acontecimentos ruins que nos ocorrem devem ser esquecidos. O passado passou e não volta, é pelo presente que construímos o futuro. Vou chamar os senhores aqui e conversarei com eles, falarei de você, vai escutar a versão deles.

Miguel pediu para o casal entrar na sala, fechou a porta e disse:

– Por favor, o sinhô poderia dizer o que aconteceu tempos atrás, quando o seu cunhado morreu e sua irmã ficou viúva com o filho pequeno?

– Por quê? O que está acontecendo? – indagou o sinhô.

– Aqui está presente seu sobrinho. Ele acredita que foi prejudicado pelo senhor. Acho que, se ele souber o que de fato ocorreu, irá embora. Ele quer que lhe peçam perdão.

O casal admirou-se, aquele fato ocorrera havia muitos anos e em outra cidade. Mas como acontecimentos estranhos estavam sucedendo, o sinhô achou melhor contar. Então se sentou, falou baixo e calmamente:

– Minha irmã mais velha fugiu de casa para se casar com um homem que não era confiável. Fugira porque nosso pai não queria essa união. Ao sair do nosso lar, à noite e escondida, minha irmã levou todo o dinheiro que meu pai guardava em casa e as jóias de mamãe. Meu genitor não quis ir atrás, achou melhor esconder o fato que o envergonhara. Não soubemos dela por muitos anos. Um dia, recebi uma carta de minha irmã dizendo que estava numa cidade vizinha com o filho. Fui vê-la, disse-me que o marido havia morrido e que eles tinham gastado todo o dinheiro e que vendera as jóias. Pediu-me dinheiro para ir para longe. Meu pai não quis dar nem vê-la e ficamos sabendo que o marido dela havia morrido assassinado quando foi assaltar uma taberna. Resolvi ajudá-la, peguei todo o dinheiro que eu tinha, que estava juntando para comprar minha fazenda, e fui ao seu encontro. Dei-lhe o dinheiro, desejei felicidades e disse que sempre poderia contar comigo. Ela gentilmente me serviu um chá. Tomei e acordei horas depois somente com minhas roupas íntimas. Minha irmã fora embora com a minha carruagem, levou minhas roupas e deixou a hospedagem por pagar. Tive de pedir emprestadas roupas e um cavalo para voltar para casa. Meu pai ficou muito aborrecido com mais uma desfeita de minha irmã. Ele então dividiu o que tinha para mim e para meus outros três irmãos, não deixando nada para ela. Segundo ele, minha irmã já tinha roubado sua parte. Não a vi mais nem soubemos dela.

– *Pergunta a ele se é verdade mesmo o que disse* – pediu o espírito a Miguel.

– O sinhô está contando o que realmente aconteceu? – indagou Miguel.

– Não conheci o filho de minha irmã – respondeu o sinhô. – Mas por que ele não procura saber? É fácil espírito conversar com outro, basta ele perguntar para o pai dele como ele morreu e para a mãe o que aconteceu.

– *Miguel, peça que saiam da sala* – disse Pai João.

Miguel pediu e os dois saíram. Então Pai João se fez visível para o espírito que assombrava a casa e disse:

– *Meu amigo, o que seu tio falou é verdade. Sua mãe contou a você o que queria que tivesse acontecido. Deixe-os em paz e venha comigo, você vai viver num local próprio ao seu estado de desencarnado, onde aprenderá muitas coisas e depois poderá saber de seu pai e ajudar sua mãe, que ainda está encarnada.*

Ele acabou aceitando o convite e foi embora com Pai João. Mais tarde, explicou a Miguel que não é por estar desencarnado que se sabe de tudo. Para saber, é necessário pesquisar e estudar. E que aquele espírito não procurou saber e continuou da mesma maneira de quando era encarnado.

Não teve mais assombração e Miguel passou a ser mais procurado porque infelizmente as pessoas querem ter seus problemas solucionados de preferência por terceiros e sem se esforçar. Miguel explicava que não conseguia atender a todos a contento e que para receber as pessoas tinham de ser receptivas, isto é, fazer por merecer. E ele passou a sentir muito perto de si Pai João e Zefina, que lhe disse estar aprendendo a fazer o bem.

Miguel orava para as crianças, diziam que ele as benzia, fazia isso quase sempre com ramos verdes e que normalmente ficavam murchos após passar em volta delas.

– *Plantas são capazes de absorver energias negativas* – explicava Pai João. – *Mas é na oração que está a força poderosa, não importando se a pessoa se ajoelha, se a faz deitada, ou se acende velas; o que resolve de fato é a oração. Ao acender velas, caso a pessoa acredite nisso, pode-se queimar o vínculo negativo com pessoas más. Repito, porém, que é na oração sincera que recebemos ajuda.*

Aconselhe sempre as pessoas a terem bons pensamentos, a fazer o bem para sair da faixa das energias prejudiciais.

E Miguel pacientemente orava para as pessoas, escutava e as aconselhava. Além disso, continuava trabalhando; sinhá Francisca, idosa, fazia pouca coisa e ele tinha de dar conta de tudo. Os moradores da cidade, sabendo que os dois passavam por dificuldades financeiras, começaram a lhes trazer prendas. Normalmente, eram os alimentos que tinham de comprar: sal, açúcar, café, farinha etc. Sinhá Francisca e Miguel conversavam sobre isso:

– Será que devemos aceitar, Miguel?

– Eles trazem para a senhora, todos a conhecem há muito tempo, tem amizade com os moradores.

– Mas acho que eles trazem porque você as benze.

– Será? Se for por isso, devo aceitar? – perguntou Miguel.

– O fato é que tenho pouco dinheiro – falou a sinhá suspirando. – Não tenho como comprar o que necessitamos. Você é liberto, pode ir embora. O que será de mim, como viverei? Sem você, passo fome. Eles vêm aqui receber ajuda na hora que está bom para eles e você por isso trabalha à noite e levanta muito cedo.

Miguel pensou muito no que conversaram e quando sinhá Narcisa veio trazer os dois netos para benzer e lhe trouxe pão e doces, ele lhe perguntou:

– Por que a senhora nos trouxe esses agrados?

– Conheço a sinhá Francisca há muito tempo. Ela sempre foi uma pessoa boa e continua sendo. Deixa você benzer e das plantas de sua horta você faz os chás. Você me disse para fazer aos outros o que gostaria que nos fizessem. Se eu ficar viúva e passar por dificuldades, gostaria que me ajudassem. Trago essas prendas com carinho.

Miguel sorriu aliviado. Sinhá Narcisa estava aprendendo a ser grata, e a gratidão é um sentimento muito bonito.

Inácio, um negro liberto que trouxe a mulher doente e Miguel a curou com seus chás e orações, passou a ir duas vezes por semana, à tardinha, para ajudá-lo no seu serviço.

– Ajudando-o no seu trabalho, você, Miguel, terá mais tempo para ajudar os outros.

Inácio rachava lenha, limpava a horta e o quintal e um outro, também grato, trazia lenha pra eles e Miguel não precisou mais ir buscá-la.

Tomás conversava com sinhá Francisca na sala, Miguel estava junto.

– Vovó, não demora muito e o nosso imperador libertará os escravos. Existe muita pressão dos abolicionistas, os jornais do Rio de Janeiro dão por certo esse acontecimento.

– Não ter mais escravos no Brasil, isso será maravilhoso! – exclamou sinhá Francisca.

– Será em termos – falou Tomás.

– Como? Não será bom nossos negros serem livres? – perguntou a sinhá admirada.

– Vovó – explicou Tomás –, não bastará dar liberdade aos escravos. O que eles vão fazer dessa liberdade? Terão de se alimentar, ter um local para se abrigar. Como conseguirão sobreviver? O governo não pode nem tem como ser paternalista e sustentá-los. É complicado! Teria de dar, junto da liberdade, condições para eles sobreviverem. Para se alimentar e ter onde morar, eles vão ter de trabalhar e, com certeza, serão mal remunerados e alguns ficarão em situação pior. Receberão ordenado somente quando trabalharem, e a maioria dos senhores não terão escrúpulos de dispensá-los quando velhos ou doentes. Espero que os senhores não dêem aos negros mais castigos – esses deverão ser proibidos, mas o país é muito grande para ser fiscalizado.

Mudaram de assunto e Miguel ficou pensando no que escutara e concluiu que Tomás estava certo. As duas leis que existiam, a que libertava os escravos idosos e os recém-nascidos, não ajudavam os negros. Era difícil os escravos chegarem aos 60 anos, e as crianças tinham de ficar com os pais escravos. Ele tinha a carta de alforria e isso não lhe fez diferença. Se fosse embora da casa da sinhá Francisca, teria de continuar trabalhando em troca de alimento.

Receberam a notícia que 36 dias antes, em 13 de maio, a princesa Isabel libertara os escravos. Os negros da cidade saíram pelas ruas cantando alegres e reuniram-se na praça.

– Vá, Miguel, comemorar com seus irmãos de raça! – disse sinhá Francisca.

Miguel foi, estavam todos alegres, se abraçaram e cantaram.

– Você não está contente, Miguel? – perguntou Maria aproximando-se dele.

– Estou preocupado, Maria. O que será que eles vão fazer com a liberdade?

– Espero que não façam besteira. Eu vou ficar com meus senhores – afirmou Maria.

– Nós temos de continuar nos alimentando e por isso teremos de trabalhar! – exclamou Miguel.

– Bebam! – Tião aproximou-se com dois copos de aguardente. – Vamos comemorar!

– Comemorar bebendo? – perguntou Miguel.

– Beba isto! – insistiu Tião.

Miguel pegou o copo e cheirou a bebida. Relembrou que, logo após ter chegado à cidade, ele conheceu a bebida que Zefina lhe dissera fazer tanto mal. Todos bebiam e ele o fez, virou o conteúdo do copo. Sentiu a bebida queimar sua garganta, engasgou, tossiu, achou o gosto muito ruim. Recusou-se a tomar mais e logo sentiu um torpor.

"Essa bebida deve suavizar dores ou ajudar a esquecê-las. Talvez se viciem por isso. A realidade fica distante", pensou ele.

Miguel lembrou do que o sinhô Tomás falara: "É um passo importante a libertação dos escravos, mas isso somente não basta. É necessário dar a eles condições para viver dignamente". Com tristeza, ele viu os negros contentes, mas pressentiu que teriam muitos sofrimentos. Não era um final de conto de fadas: "casaram-se e foram felizes para sempre". Libertos, continuariam com muitos problemas.

Muitos ficaram bêbados e deram vexame. Xingaram os brancos e brigaram entre si. Miguel foi embora chateado. Todos voltaram para a casa dos seus ex-senhores. E os dias seguintes foram tumultuosos. Alguns ex-escravos resolveram ir embora, uns querendo encontrar parentes; outros, para se aventurar, conhecer outros lugares. E muitos libertos foram para a cidade e alojaram-se num galpão; estavam famintos e alguns machucados. A população ficou temerosa, houve roubos, e os soldados pediram que eles fossem embora, mas uns iam, outros chegavam. Miguel, com a permissão da sinhá Francisca, ia ao galpão e cuidava dos doentes, fazia curativos e dava conselhos.

Da euforia à preocupação. Naquela cidadezinha onde os escravos eram bem tratados, os negros sentiam-se protegidos, abrigados e ficaram confusos. A maioria não sabia como viver em liberdade. Muitos negros, para não morrerem de fome, roubavam, eram presos e recebiam castigos. Demorou para a maioria se encaixar, entender que necessitavam trabalhar para sobreviver.

Miguel escutou muitas histórias tristes e a maioria com fins mais tristes ainda. E havia negros que se excediam e que eram maus. Um ex-escravo estuprou uma garotinha branca de nove anos e justificou que os seus ex-senhores faziam isso com as meninas filhas de escravos. Outro lhe disse que não ia trabalhar mais, iria esmolar e já tinha a desculpa: dizia que estava à procura de sua filha. Esse mentia, mas a maioria estava mesmo à procura de entes queridos.

Miguel tentou ajudar todos os que passavam pela cidade e ficavam no galpão, lembrando sempre do que Pai João uma vez lhe falara quando ainda estavam no quilombo: "existem brancos e negros bons e maus. Bondade e maldade são atributos do espírito, que pode estar vestido num corpo físico das diversas raças".

Foi um acontecimento maravilhoso o Brasil ter abolido a escravidão e proclamado que todos são irmãos brasileiros.

Maria foi ver Miguel e falou decidida:

– Vou para o quilombo encontrar com meus filhos.

– Maria – respondeu Miguel –, faz alguns meses que você sonhou com sua filha. Lembra do sonho?

– Sim, lembro, foi um sonho muito nítido. Narcisa me disse que morava na espiritualidade e que estava muito feliz. Mas foi um sonho. Acho que eles estão lá nas montanhas. Quando souberem que fomos libertados por essa santa mulher, a princesa Isabel, que Deus a proteja por umas dez reencarnações, eles poderão vir morar conosco.

– Maria, você sempre foi coerente – argumentou Miguel. – Seja também desta vez. Você sabe que, quando partimos, iríamos reencontrá-los somente em espírito, quando esse corpo carnal morrer. A caminhada até o quilombo é difícil. Você terá de levar alimento, água e agasalho. Lá é muito frio e já não está mais acostumada com temperaturas baixas. Os anos passaram e você já não é mais jovem. Depois, quem lhe garante que eles continuaram lá? Por que você não acredita mais no seu sonho? Pense bem: você conseguirá chegar lá? Aquela vez que Pai João nos deu notícia deles, falou que estavam bem, mas também disse que eles não iriam viver muito. Não lhe contei para não entristecê-la.

– Essas comunicações – comentou Maria –, entre os vivos e os mortos, entre nós e os espíritos, podem ser confusas, você pode ter se enganado. Mas eu vim aqui para convidá-lo a ir comigo.

– Estou velho, Maria, sinto muitas dores e ando devagar. Acho que não consigo subir a cachoeira.

– Vou ver se arrumo alguém para ir comigo.

Maria falou com todos os que vieram do quilombo. E Jorge, um dos mais novos que desceu a montanha, resolveu ir lá, avisar os que lá ficaram e voltar. Todos colaboraram. Ele ia a cavalo até a cachoeira, levaria agasalhos e alimentos. Partiu e regressou 15 dias depois e contou a todos que encontrou um esqueleto na cabana e, pelas covas, todos morreram. Maria chorou.

Benedito também quis partir.

– Sempre amei Ambroza, a escrava da sinhá Martina, que partiu com eles. Vou atrás dela!

Miguel tentou persuadi-lo, mas ele foi irredutível.

– Benedito, então se prepare para ir.

– Como? – perguntou ele.

– Você tem de planejar, fazer um trajeto. Terá de ir a cavalo até o porto, comprar passagem de navio até Santos e lá subir serras para chegar a São Paulo.

Como ele quis ir mesmo, todos ajudaram, ele comprou um cavalo, ganhou roupas, economias dos amigos e partiu. Nove meses depois, sinhá Martina escreveu à mãe. Na carta ela contou:

"Sabe o Benedito, aquele escravo do senhor Moreira? Ele veio aqui em casa procurar Ambroza. Disse-nos que veio a cavalo até o porto, vendeu o animal e, com o dinheiro que tinha, pagou para vir de navio, chegou a Santos sem dinheiro. Trabalhou uns dias por lá e depois veio a pé até São Paulo. Acabou nos achando. Mas Ambroza, aquela ingrata, no dia em que soubemos que aquela tresloucada da filha do imperador assinou a lei libertando-os, saiu de nossa casa. Mas Benedito não desistiu e acabou achando-a. Não foi difícil, porque os negros libertos vivem em barracos sujos. Encontrou-a com outro companheiro e ela já tinha um filhinho. Benedito matou-a. Que triste fim! Saiu de casa para ser assassinada. Deixou o filhinho pequeno que o pai e a avó estão criando. Benedito está preso. Tem acontecido coisas horríveis com esses negros libertos!"

E reclamou de mais coisas.

Miguel contou a todos o acontecido. Benedito tinha irmãos e todos sentiram muito.

"Por que Benedito matou Ambroza?", pensou Miguel. "Deveria ter entendido que para ela não era fácil pertencer à sinhá Martina e que para sobreviver em liberdade teve de arrumar um companheiro para protegê-la. Matando-a deixou um ser órfão. Talvez morra na prisão. Saiu de um cativeiro para ir parar em outro muito pior."

Não ficaram mais sabendo dele. Somente quando Miguel desencarnou é que soube que Benedito morrera 15 anos depois na prisão, muito arrependido do crime que praticara, e que Ambroza o perdoara.

Um dia, uma sinhazinha procurou Miguel, era uma moça jovem, com 18 anos e lhe pediu:

– Miguel, quero que você faça para mim um chá abortivo!

– Não sei fazer isso – mentiu Miguel. – Conte para mim o que está acontecendo.

Ela ficou calada de cabeça baixa e Miguel pensou: "Sei fazer o chá, mas não faço, sinto que é errado, não entendo bem o porquê, acho que o nenezinho na barriga da mãe é um ser e será uma pessoa. Não sei por que os brancos têm tanto preconceito contra as mulheres sem companheiros ou maridos, como dizem, ficarem grávidas. Com os negros isso não acontecia; agora aqui na cidade estão mudando e condenando também".

– Miguel, estou em apuros! – exclamou a mocinha. – Sou solteira e fiquei grávida. Não sei o que fazer. Meus pais quando souberem me expulsarão de casa. O que farei? Se fosse casada, iria querer muito esse filho.

– O pai da criança não pode ajudá-la? – perguntou Miguel.

– Não, e não peça para dizer quem é ele, não falo!

– Quero ajudá-la e vou pensar como. Agora vá para casa e volte amanhã.

Ela foi embora e Miguel ficou pensando, queria ajudá-la, mas não sabia como. Pediu auxílio a Pai João, que não lhe respondeu; entendeu que o ex-líder do quilombo não queria dar palpite e se ele tinha como decidir, deveria fazê-lo sozinho.

"Se eu morasse sozinho, tivesse um canto meu, traria essa moça para ficar na minha casa enquanto estivesse grávida. Será que a sinhá Francisca não a abrigaria? Vou falar com ela."

Contou a sinhá o que acontecia com a moça.

– Coitada da Marcília! – apiedou-se sinhá Francisca. – Conheço a família dela e ela desde que nasceu. Está de fato encrencada. Será uma desonra para os pais e com certeza será enxotada de casa.

– Isso não é cruel? – perguntou Miguel.

– É, porém ela sabia que aconteceria isso, não sei por que engravidou.

– Sinhá Francisca, nós não podemos abrigá-la?

– O quê? Abrigar uma moça grávida? Não posso! – exclamou a sinhá.

– Por que não pode? A senhora não tem de dar satisfação a ninguém. Mora sozinha.

– Mas a moça errou!

– Quem não erra ou errou de alguma maneira? – argumentou Miguel. – "Não julgueis para não ser julgado". Jesus disse para as pessoas que queriam apedrejar a mulher que traiu o marido, que atirasse a primeira pedra quem nunca pecara. Como também recomendou que fizesse ao próximo o que gostaríamos que nos fizessem. Se a senhora fosse jovem e ficasse grávida, não iria querer que alguém a abrigasse?

– Será mais um para alimentar...

– Nada nos falta nem faltará.

Sinhá Francisca pensou por instantes e depois respondeu:

– Vamos abrigá-la! Amanhã você diz a ela que pode vir.

No outro dia, Marcília chorou emocionada ao ouvir que receberia abrigo, ajuda.

– Vou para casa, pego minhas coisas, escrevo uma carta para meus pais e volto.

Três horas depois, ela voltou. Sinhá Francisca acomodou-a num dos quartos e, à tardinha, todos na cidade já falavam de sua fuga. Demorou dois dias para descobrirem que Marcília estava na casa deles.

– Escrevi uma carta contando tudo para minha mãe, sem falar quem é o pai do meu filho. Disse que estava por perto e se eles me aceitassem era só falar que eu saberia. Pelo jeito não me querem – choramingou Marcília.

Marcília era quieta, ajudava na limpeza, lavava roupas e não saiu da casa. O pai dela, dias depois, veio vê-la e queria obrigá-la a falar o nome do homem que a seduzira. Quando quis bater nela, sinhá Francisca interferiu expulsando-o de sua casa.

Houve muitos comentários, sinhá Francisca recebeu muitas críticas e ela respondia:

– O que Jesus faria neste caso? Agiria como eu ou como você que a condena?

Quando pararam os comentários, Marcília, que estava grávida de seis meses, entrou em trabalho de parto. Miguel e sinhá Francisca tudo fizeram para ajudá-la, mas a criança nasceu morta. Miguel foi enterrá-la no cemitério e o padre abençoou-a.

– Não queria o neném, mas, depois que me abrigaram, eu quis, até ia fazer roupinhas para ele! – lamentou-se Marcília, chorando.

Quando ela melhorou, resolveu ir embora.

– Vou para longe! Não quero ficar aqui, não posso nem sair de casa. Desiludi-me muito, amei e pelo jeito não fui amada. Ele não fez nada para me ajudar. Envolvi-me com um homem casado e sofri muito por isso. Vou para uma cidade grande. Mas não tenho dinheiro, que faço?

– Vou conversar com seus pais, talvez eles lhe dêem dinheiro para ir embora – disse Miguel.

Os pais de Marcília, querendo ficar livre dela, deram dinheiro e o resto de suas roupas. Sinhá Francisca e Miguel deram muitos conselhos e ela partiu. Marcília escrevia a eles, arrumou um emprego de babá e anos depois se casou e teve três filhos.

Tomás veio visitar a avó logo depois que acolheram Marcília. Assim que chegou à cidade foram lhe contar o que sua avó fizera. Tomás pediu que a sinhá Francisca contasse sua versão e ele riu muito ao escutá-la.

– Vocês dois estão seguindo os ensinamentos de Jesus à risca!

– Mas não é para praticar? – perguntou ela.

– É sim – respondeu Tomás. – Vovó, queria ajudá-la mais e não sei como. Dinheiro? Tenho pouco. A senhora não quer ir morar comigo? Sei que Miguel cuida da senhora com dedicação, ele pode ir junto.

– Obrigada, meu neto, mas não quero sair daqui.

– Por que então não coloca Miguel para dormir em um dos quartos dentro de casa?

– Se isso acontecer, as pessoas vão falar! – justificou sinhá Francisca.

– Quantas maldades em falatórios! – disse Tomás sorrindo. – Não é certo deixar de fazer algo com medo de fofocas! Mas se a senhora ficar doente, traga-o para dentro de casa. Promete?

– Prometo!

– Vovó, se a senhora morrer, Miguel não terá para onde ir. Ninguém quer por empregado um negro idoso. O que a senhora acha de passar esta casa para ele, deixá-la em testamento?

– Você acha certo isto? E meus filhos, o que acharão? – perguntou sinhá Francisca.

– E o que eles acham de a senhora viver sozinha e passar necessidades? Vovó, eles não ligam para a senhora e a senhora não deve ligar para eles.

Tomás foi no outro dia ver se era possível deixar a casa para Miguel, mas ele não tinha documentos, então Tomás passou-lhe a escritura da casa como se ele a tivesse comprado.

– Vovó, quando a senhora morrer, Miguel continuará morando aqui, eu prometo! – afirmou Tomás.

– Eu confio em você! Fizemos o melhor! – exclamou sinhá Francisca.

Miguel sempre que podia ia à igreja orar e, todos os domingos à tarde, sinhá Francisca com a lupa lia os textos do Evangelho. Miguel sabia de cor o que Tomás escrevera do Sermão da Montanha. E sempre que tinha de tomar uma decisão, se tinha dúvidas, tentava imaginar o que Jesus faria naquela situação. Não queria ter os ensinamentos decorados, mas colocá-los em prática no dia-a-dia e por isso estava sempre consolando, enxugando lágrimas, aconselhando e esforçando-se para amar a todos.

"Pai João me falou que uma montanha me libertaria. Demorei para entender que era o Sermão da Montanha, os ensinamentos de Jesus. Esses ensinos seriam setas para minha caminhada rumo à libertação. Bem-aventurados os que os escutam e os seguem! Não é fácil seguir, é como escalar uma montanha de difícil acesso, precisa de tempo, a caminhada é árdua, os passos devem ser cuidadosamente dados. E todos podem conseguir chegar ao topo e, de cima, ver o caminho percorrido e as dificuldades por que passaram não significam mais nada. A conquista é um prêmio alto: seu autoconhecimento, sua liberdade!"

E os dois, sinhá Francisca e Miguel, passaram anos tranqüilos. A sinhá estava bastante idosa e Miguel também envelhecera. Seus cabelos estavam grisalhos, mas ele continuava forte e atendia muitas pessoas que vinham de toda a região.

9
No plano espiritual

Sinhá Francisca estava doente, mas isso não a impedia de cozinhar e conversar com as pessoas e, quando as dores tornaram-se mais fortes, ela pediu para Miguel dormir no quarto ao lado do seu. Ele ficou mais tranqüilo, pois atenderia com mais facilidade a sinhá se ela necessitasse de alguma coisa à noite. Meses depois a doença agravou-se e Miguel cuidou dela com muito carinho. Numa madrugada ela o chamou, estava sentindo muitas dores no peito.

– Vou fazer um chá! – exclamou Miguel.

– Não, meu amigo, fique comigo, não me deixe sozinha.

Ele segurou suas mãos e ela desencarnou tranqüilamente. Nenhum parente foi ao enterro, nem Tomás conseguiu estar presente, pois estava viajando a trabalho. Mas todos os moradores da cidade foram ao velório e ao enterro. Miguel sentiu-se muito sozinho na casa e também a falta de sua sinhá. Quinze dias depois Tomás veio.

– Miguel, como combinei com vovó, você ficará aqui na casa o tempo que quiser e desfrute de tudo.

– Obrigado, sinhô Tomás, Deus lhe pague! Para sobreviver, a sinhá Francisca vendeu tudo o que possuía de valor, ficaram somente este anel e esta corrente, que ela quis que ficassem com o senhor.

– Vou guardá-los comigo e também levarei este quadro. O resto é seu. Venda, dê, faça o que quiser.

Tomás ficou somente duas horas, disse que não voltaria mais para visitá-lo. Miguel ficou cuidando de tudo, da horta, dos animais, de suas ervas. As pessoas sempre levavam para ele comida pronta, sopa, um doce, isso para não ter de cozinhá-los. E ele aprendeu muito com o exemplo de Tomás: a cumprir o que promete e a ter dignidade. Exemplos ensinam.

E a casa passou a ser abrigo para muitos. Eram viajantes, peregrinos, pessoas de longe que vinham procurá-lo. Ali encontravam alimentos e ajuda de que necessitavam. A maioria era de negros que não tinham onde ficar. A casa tornou-se hospedaria onde não pagavam pela hospedagem.

Miguel sentia piedade por todos e aconteceu de muitos abusarem. Quando ele percebia que alguém não queria ajudar em nada e queria ser servido, ele conversava com a pessoa. Se não fosse atendido, mandava-o embora. Um dia, uma vizinha lhe disse:

– Miguel, esse casal que você mandou embora, abusou bastante de sua hospedagem. Eles tinham dinheiro e disseram-lhe que não possuíam nada, comiam bem e não trabalhavam, foram embora levando roupas da casa, disseram isso na praça e ainda riram. Não é um horror? Você, por esses fatos, não perde a vontade de ajudar?

– Prefiro pensar nos que aprendem a ser gratos, nos que de fato são necessitados, estes são felizmente a grande maioria. Pode acontecer de os que abusam, os que fingem necessitar para receber, em outra ocasião, estando realmente necessitados, não encontrem quem os ajude. O abuso traz conseqüências ruins. Ao fingir a necessidade, ela pode vir de forma muito maior da que fingiram. Enganar fazendo-se de doente atrai a doença para si de maneira mais intensa.

Miguel ficou pensando nisso e, quando viu Pai João, perguntou:

– Por que, Pai, o senhor que tudo vê, não me diz quem são os mal-intencionados?

– O mal-intencionado necessita também de ajuda. Alguns vieram com más intenções e mudaram seu comportamento pelo exemplo visto, foram os que mais receberam. Eram doentes da alma que se curaram. E aqueles que não aprenderam, perderam uma oportunidade e o que abusou com certeza será no futuro alvo de abuso. Faça, Miguel, o que se deve fazer. Jesus não semeou seus ensinamentos para todos nós? Não disse que algumas sementes caíram nas pedras, espinhos e na estrada? Faça o bem e você será o terreno fértil para o plantio, é isso que deve lhe interessar.

E alimento nunca lhe faltou, a horta continuava produzindo, os animais estavam sadios e as pessoas traziam sempre alimentos que eram repartidos para todos os abrigados.

Um dia, pela manhã, Miguel escorregou na cozinha num brinquedo esquecido por uma criança que estava com os pais hospedados no seu lar, caiu, torceu o tornozelo e machucou o joelho. Teve de ficar com a perna imobilizada. Ainda bem que o casal que estava viajando e ficara alguns dias na cidade para descansar resolveu permanecer mais tempo e faziam com eficiência todo o serviço da casa. Miguel fez chás e compressas para si mesmo.

No dia seguinte à sua queda, um homem que pernoitava no quartinho dos fundos, que antes era dele, pois agora dormia no quarto que fora da sinhá Francisca, levantou-se cedo, tomou o desjejum e deu somente "até logo" e partiu. Ao fazer o almoço, o casal deu por falta de alimentos e roupas.

"O homem nos roubou, ingrato!", pensou Miguel.

Logo depois, dois moradores da cidade foram lhe comunicar que aquele homem os roubara.

– Foram dois dos meus melhores cavalos! – exclamou um senhor.

– Ele roubou minha casa! Levou dinheiro, arreio e bebida. Você, Miguel, deve prestar mais atenção em quem hospeda! – criticou o outro.

Miguel se desculpou, ficou muito chateado. Dois soldados foram atrás do ladrão, mas os cavalos que ele roubou eram bons e não o alcançaram. Estava aborrecido por ter de ficar de repouso e por ter abrigado uma pessoa que dera prejuízo a outras, honestas e amigas. A sinhá Edmunda veio vê-lo e comentou indignada:

– Acha certo, Miguel, isso ter acontecido com você? Você faz o bem, é caridoso e caiu se machucando. Dá abrigo a todos os que lhe pedem e um deles é ladrão! Você não merece! Tenho dó de você!

E falou por minutos, enumerando as qualidades dele e o tanto que era imerecido passar por aqueles dois acontecimentos. Miguel acabou por sentir pena de si.

"Sinhá Edmunda tem razão", pensou. "Cuido de muitas pessoas e aqui estou eu necessitando de cuidados. Sou honesto e um ladrão nos rouba e me deixa envergonhado. Sou infeliz!"

– *Isso mesmo, chore com pena de você!* – exclamou Pai João.

Miguel assustou-se e o olhou culpando-o. Ele tinha de protegê-lo, mas não o fez.

– *Por que tenho de lhe fazer algo?* – perguntou o espírito amigo. – *Fiz algum trato com você?*

– Não – respondeu Miguel, baixinho. – Mas o senhor ajuda tantas pessoas, não era para me ajudar também?

– *Você está parecendo um ingrato que recebe e nem agradece. Diga-me o que não fiz para você?*

– Poderia ter evitado que eu caísse...

Pai João olhou-o, suspirou e falou tranqüilamente:

– *Pensa que sou sua babá ou muleta? Tenho de olhar até onde você pisa? Miguel, preste atenção no que vou lhe dizer: um companheiro espiritual, guia, protetor, anjo da guarda, seja que nome lhe der, é um espírito desencarnado, um ser que por algum tempo vive no plano espiritual, que é ainda um aprendiz e que tem muitas tarefas a fazer. Você já pensou que quando benze alguém, sou eu que faço a maior parte do benzimento? Você ora, dá seus fluidos, energia, mas sou eu que vou até a casa da pessoa ver se tem lá desencarnado atrapalhando. Se tiver, vou conversar com ele e, se ele quiser ajuda, levo-o para um local de socorro na espiritualidade. Sou eu que vejo o que a pessoa tem e o inspiro a fazer chás.*

"Trabalho 24 horas! E ajudo-o sim! Impeço que energias negativas fiquem com você. Foi somente esse o trato que fiz: trabalharmos juntos e você faz a sua tarefa e eu a minha. Não há por que você fazer algo por mim nem eu por você! Não olhou onde pisou, caiu! Não queria que eu o segurasse, não é? Nem se quisesse, eu não conseguiria, não dou conta do seu peso físico. Foi lamentável o homem ter roubado a casa e pessoas da cidade. Ele tem o livre-arbítrio e fez o que quis, mas receberá a reação de seu ato. Ele ia roubar de qualquer maneira. Aqui conosco teve a oportunidade de mudar, mas não o fez; aumentou assim a sua responsabilidade. E, por favor, não sinta piedade de você, pois eu não tenho!"

– Não quero conversar mais com o senhor. Pode voltar ao seu trabalho! – exclamou Miguel.

– Até logo!

Miguel não respondeu. Meia hora depois veio uma senhora, moradora da cidade com o filho. O moço tinha 23 anos, sofria com crises em que se debatia, virava os olhos, babava e dizia palavras desconexas e, às vezes, obscenas. Como Miguel estava sentado numa poltrona com as pernas num banquinho em seu quarto, a senhora e o moço entraram e sentaram na frente dele. Todos na cidade diziam que o rapaz era doente mental. Miguel sabia que ele era vítima por ter sido algoz no passado e que no momento era perseguido por espíritos que não o tinham perdoado. Miguel orou e estendeu as mãos em direção ao moço e o espírito falou rindo:

– *O preto velho está sozinho hoje? Não vejo o velho espírito por perto. É hoje que acabo com você, seu intrometido! Está sempre atrapalhando minha vingança!*

O espírito fez o moço se levantar e abrir as mãos como se fosse apertar o pescoço de Miguel.

– Me vale, Pai João! – rogou Miguel.

O moço sentou-se novamente, se debateu por instantes para depois se acalmar, voltando ao normal. Por fim, olhou como não sabendo onde estava.

– Graças a Deus ele ficou bom! – exclamou a mãe.

– Sofro tanto com essas crises! O que devo fazer para não tê-las mais? – perguntou o moço.

– Faça o bem! – respondeu Miguel. – Ore com fé, peça perdão a Deus e a quem ofendeu, queira ser bom.

– Não é difícil? – indagou o moço.

– O que é fácil? – falou Miguel. – A porta larga das facilidades acaba por nos trazer sofrimentos. Tente, você consegue! Não odeie essas crises nem quem as causa. Você, se revoltando, odiando, liga-se a forças iguais. Se amar a todos, você superará até essas crises. Vá embora, mas antes de ir para casa, passe na igreja e ore, perdoando e pedindo perdão.

Os dois agradeceram e saíram, Miguel olhou envergonhado para Pai João, que estava quieto de cabeça baixa, e rogou-lhe:

– Desculpe-me. Agora entendo o seu trabalho e o meu. Somos de fato companheiros, o senhor não é meu empregado nem eu sou seu. Não faço nada para o senhor, que faz muito por mim. Hoje entendi que tenho de fazer minha lição para aprender e que tenho de dar conta do que quero fazer. Obrigado por ter me acudido.

Pai João sorriu e respondeu:

– *Amo você, meu filho, logo estará bem; e nosso trabalho continua. Não fique com pena de você. Autopiedade não nos leva a lugar nenhum. Realmente, não me cabe facilitar sua vida nem fazer o que lhe compete. Se eu agisse ao contrário, fizesse tudo por você, estaria lhe fazendo mais mal do que bem. Agora descanse. Vou conversar com esse espírito, tentar convencê-lo a cuidar de si e desistir da vingança.*

Esse moço demorou anos para melhorar, ele odiava as crises, ou a causa, ele e o espírito vingador trocavam energias de rancor e mágoa, não queriam perdoar nem pedir perdão com sinceridade. O moço não se lembrava do passado, do que fez em sua encarnação passada, mas sentia não amar a causa, ou seja, o espírito que o perseguia. Miguel pensou que isso deve acontecer muito: o encarnado não sabe que é obsediado, que está recebendo influência do desencarnado, revolta-se, às vezes odeia a causa, o espírito, e os dois guerreiam, ambos sofrem, mas o desencarnado acha que leva vantagem. É necessário que os dois perdoem e queiram o perdão. Quando o encarnado compreende, perdoa e pede com sinceridade o perdão, sai da faixa de ira do outro e não é mais atingido por ele.

Miguel, com o passar dos anos, sentia o desgaste do corpo físico. Quase todos os companheiros do quilombo tinham falecido e ele continuava atendendo a todos. Numa madrugada, sofreu um enfarto, seu coração simplesmente parou e ele desencarnou. Acordou com dor forte, que foi se suavizando; sentiu sono e dormiu. Pai João, com amigos, desligou seu espírito adormecido do corpo físico morto.

Sua morte foi sentida por muitos. Os que estavam sempre lhe pedindo ajuda choraram sua falta, a ausência daquele que auxiliava na resolução de todos os problemas. Sentiram pela dependência e também por gostarem dele. Miguel era amado. Seu enterro foi simples e recebeu muitas orações de gratidão. Que benefício maravilhoso é receber preces acompanhadas de agradecimentos e com a bênção do: "Deus lhe pague!"

A casa, por algum tempo, ainda serviu de abrigo, e pessoas iam pegar animais, hortaliças e as ervas. Mas, como não mais as plantavam nem delas cuidavam, elas foram acabando. Um vizinho escreveu a Tomás e um filho dele veio e vendeu a casa. Por estar velha, foi desmanchada pelo comprador, que construiu outra casa.

Miguel acordou disposto, estranhou o local, olhou examinando ao redor, sorriu e exclamou:

– Estou sonhando! Que faço no meu sonho: fico aqui ou vou para outro lugar?

– Bom dia, Miguel!

Pai João entrou no quarto, Miguel respondeu:

– Bom dia! Por que estou vendo o senhor diferente? Parece vivo.

– Vivo estamos sempre. Você está bem?

– Estou muito bem – respondeu Miguel. *– Não me dói nada, sinto-me leve e disposto. Vou aproveitar para carpir a horta.*

Levantou-se e olhou pela janela.

– Não estou em casa! Onde estou? Não vou acordar?

– Você está acordado! Você se lembra da dor que sentiu? – perguntou Pai João.

– Sim, estou lembrando. Senti uma dor forte no peito, que pensei que ia morrer.

– Não somente pensou, você morreu! – falou Pai João tranqüilamente.

– Como é?! – Miguel assustou-se.

– Ora, Miguel, você viu muitas pessoas desencarnarem, sabe que sobrevivemos na espiritualidade.

– É mesmo? Então eu morri! E agora? – perguntou ele com um pouco de medo que lhe fez sentir um frio na barriga.

– Continuará vivendo! – respondeu Pai João carinhosamente. *– Amigos estão aqui querendo revê-lo.*

Por três dias Miguel recebeu muitas visitas. Foi uma festa para ele, amigos vieram abraçá-lo, dar as boas-vindas, recebeu mimos, conversou muito, teve notícias dos companheiros desencarnados. Zefina veio vê-lo, abraçaram-se contentes.

– Miguel, já vivemos juntos em outra encarnação, erramos muito e nesta fizemos alguns acertos. Estou contente por vê-lo

bem. Você vai gostar de viver aqui. Este recanto do plano espiritual é lindo!

E levaram-no para passear, conhecer a colônia onde foi abrigado.

– *Pai João* – disse Miguel –, *meus amigos vieram me visitar e disseram que trabalham. Todos os que moram aqui têm atividades? O que eu farei?*

– *Sim, aqui todos trabalham. O que você mais deseja fazer?* – perguntou Pai João.

– *Aprender a ler e escrever! Como ficaria feliz se pudesse ler!* – exclamou Miguel.

– *Amanhã mesmo o levarei à escola!* – afirmou Pai João.

Miguel foi morar com amigos numa casinha singela com muitas plantas.

– *Pai João, o senhor mora aqui?* – quis Miguel saber.

– *Estou hospedado somente. Trabalhando com você, fiz um cantinho acima da casa em que morava, agora vou estudar e me preparar para voltar ao plano físico, reencarnar.*

Miguel amou a escola. Ficou muito feliz por aprender a ler e escrever e aprendeu rápido. Dedicou-se ao estudo, aprendendo o português, foi recordando outros idiomas, o alemão, o inglês, o indiano e começou a ter lances de sua outra vida. Foi procurar Zefina e conversaram. Ela lhe contou tudo e, enquanto ouvia, foi recordando.

– *Como é diferente voltar à espiritualidade após ter feito o bem! Como minhas duas últimas desencarnações foram diferentes! Sou grato à vestimenta negra e por ter sido escravo!* – exclamou Miguel.

Miguel estudou muitas línguas, conhecimentos gerais, o Evangelho e conheceu o plano espiritual.

– *Como é bom ler os Evangelhos!* – exclamou feliz.

Depois de dois anos estudando, ele diminuiu as horas de estudo para trabalhar. Passou a ir às enfermarias cuidar dos doentes desencarnados que ainda não tinham conseguido se livrar dos reflexos do físico e se sentiam enfermos.

Seu orientador, sabendo que ele gostava muito do Sermão da Montanha, convidou-o:

– *Miguel, um orador fará no salão principal de nossa colônia uma palestra sobre os ensinos de Jesus contidos no Evangelho de Mateus, o Sermão do Monte. Esse palestrante é um estudioso dos Evangelhos, ele está se preparando para reencarnar e quer no corpo físico ser um pregador do Evangelho.*

– *Um padre?* – perguntou Miguel.

– *Não é somente padre que prega o Evangelho. Talvez seja um, mas, com o conhecimento que tem, talvez não se adapte mais aos conceitos da religião católica. Você quer ir?*

– *Claro que quero!* – exclamou Miguel contente.

Miguel foi. O orador, um espírito simples, simpático, falou por uma hora e trinta minutos que, para os ouvintes, pareceram dez minutos de encantamento. O orador começou afirmando:

– *Se todos nós seguíssemos os ensinamentos de Jesus, principalmente os que se dizem cristãos, não haveria mais discórdia no mundo. Vamos hoje, juntos, relembrar um texto que Mateus escreveu. Jesus estava nas colinas de Kurun Hattin, ao sudoeste do lago de*

Genezaré, quando falou a uma multidão que o escutou ávidos de conhecimentos. Começou pelas bem-aventuranças.

O orador foi enumerando-as. Miguel, atento, anotou o que julgou ser para ele a mais importante das explicações dadas por aquele estudioso do Evangelho: *Pobre pelo espírito é aquele que não é apegado a nada externo, à matéria. Ser rico não é errado nem ser pobre é virtude; ser um ou outro são acontecimentos numa existência, o importante é saber possuir ou não. Não julgar ser seu em vez de ser administrador e não ser possuído pela vontade de ter. Necessitamos aprender a distinguir o que é "possuir" e "administrar". Uma pessoa pode administrar os bens de Deus principalmente em benefício de outros sem se sentir dono, porque tudo é de Deus e quem se acha dono comete o erro de apropriação indevida. Se nos considerássemos administradores em vez de possuidores, acabariam as guerras, as discórdias, os roubos porque a cobiça causa muitos males. Quem compreende isso, sabe que em espírito não possui nada, é o pobre pelo espírito.*

Se formos misericordiosos, teremos condições de receber a misericórdia de Deus.

Bem-aventurados os fazedores da paz, aqueles que têm sempre uma atitude de paz dentro de si mesmos.

Justiça é a nossa atitude justa, certa com o nosso Criador.

Não julgueis e não sereis julgados, não condenais... Com a mesma medida com que medirdes ser-vos-á medido. O Mestre aqui nos ensina a lei infalível da Ação e Reação. Fazer o mal ao próximo é fazer o mal a si mesmo. O ato mau perturba e traz a culpa, e a conseqüência é sofrimento. É impossível ser mau sem fazer mal a si próprio. Erro é negativo que atrai outro negativo que causa sofrimento. Devemos ser bons e ninguém o é sem fazer o bem a outros, dar de si mesmo.

Pede, bate, procura é fazer algo para se tornar receptivo a receber energias benéficas.

Estreita é a porta... Como podemos passar pelo buraco da agulha, pela porta apertada? Despojando-nos de tudo, ficando somente com aquilo que somos. Quem quiser ser meu discípulo, renuncie a tudo que tem. Desapegue-se!

Quem ouve estas minhas palavras e as realiza... É preciso colocá-las em prática, no nosso dia-a-dia. Somente a prática verdadeira, constante dos ensinamentos de Jesus garante nosso crescimento espiritual e edificação na rocha viva a casa de nossa espiritualização. O verdadeiro aprendiz do Evangelho realiza os ensinamentos nele contidos em todos os setores de sua vida, esteja ele em qualquer das moradas do Pai, no plano físico ou espiritual.

E, uma vez compreendidos esses ensinamentos, sente mais prazer em dar e servir do que receber e ser servido, não se sente mais ofendido, oprimido, não se julga infeliz por atos externos. Não evita o mal por medo das reações nem pratica o bem para receber privilégios; entende que ser bom é ser feliz e se envolve numa luminosidade que beneficia a todos que o rodeiam. Aquele que compreende, ama a Deus, é fraterno com todos e reverencia a natureza. E a nossa liberdade começa pelo primeiro e maior dos mandamentos: "Amarás o Senhor, teu Deus, de todo o teu coração, com toda a tua alma, com toda a tua mente e com todas as tuas forças". E a prática é: "Amarás o teu próximo como a ti mesmo". As recomendações de

Jesus no Sermão da Montanha é que devemos levar a vida dedicada à verdade, à justiça, ao amor, à solidariedade, à benevolência. Amar a Deus em si e em todos.

E Jesus termina: "Todo aquele, pois, que ouve estas minhas palavras e as observa será semelhante ao homem sábio". Que recomendação maravilhosa! Sejamos, portanto, sábios!

Com o término da palestra, todos se dispersaram. Miguel entendeu por que seu sonho de liberdade tinha que ver com a montanha. Com propósito firme de seguir as recomendações contidas nesse sermão, ficou dias pensando no que ouvira. Decidiu melhorar-se e concluiu que necessitava fazer muito o bem, dar de si a outros, seu trabalho, sua dedicação, para aprender a amar a todos como a si mesmo. A prática do fazer o levaria um dia a ser bom.

– *Tenho de praticar, repetir a lição para gravá-la bem. É fazendo que um dia direi: feito! Amo!* – exclamou.

Miguel continuou seus cursos, conheceu muito do plano espiritual, inúmeras colônias, postos de socorro, o umbral, aprendeu vários idiomas e enquanto estudava continuou trabalhando nas enfermarias da colônia em que morava.

"*Já fui muito imprudente!*", pensava. "*Não faz muito tempo eu necessitava de cuidados como esses que estão nessas enfermarias. Estou agora em condição de ajudar e quero ser útil.*"

Tinha estudado muito e achou que poderia se dedicar a uma tarefa que o faria entender melhor as pessoas. Visitou Zefina, que trabalhava auxiliando encarnados. A amiga o recebeu com carinho e o convidou a permanecer no local e assistir a um trabalho de orientação, um intercâmbio entre desencarnados e encarnados.

– *Será à noite, mas como já pode ver, são 14 horas e o movimento está grande. Há muito que fazer* – explicou Zefina.

Miguel observou o local, era um barracão simples com bancos de madeira. Ali estava somente uma mulher encarnada, que limpava o local. Desencarnados iam e vinham, o trabalho era intenso. Ele aceitou o convite e ficou quieto, mas atento, próximo da amiga que planejava o que seria realizado nos trabalhos da noite.

– *Temos cinco desencarnados para receber orientação* – disse Zefina. – *Eles estão no posto de socorro que temos acima do barracão. João e Luzia estão encarregados de trazê-los momentos antes de começar a palestra. Devemos deixar quatro guardas no fundo. Se Antenor conseguir trazer aquela desencarnada que teima em obsediar seu desafeto e se a moça obsediada vier, com certeza seremos atacados.*

– *Zefina* – disse uma trabalhadora desencarnada –, *a Manoela não quer vir mais.*

Zefina virou-se para Miguel e explicou:

– *Manoela é uma médium trabalhadora da casa. Ultimamente ela não quer vir. Ora acha que não faz nada, ora que faz muito. É melindrosa, quer reconhecimento e que nada de ruim lhe aconteça por trabalhar fazendo o bem.*

A trabalhadora que avisou Zefina falou:

– *Vem aqui duas vezes por semana, por uma hora e trinta minutos e acha que trabalha muito. Ela não vê que o trabalho não consiste somente nesse horário. Que faço?*

– *O de sempre, incentive-a a vir* – respondeu Zefina.

Ela se afastou e logo se aproximou um rapaz, que cumprimentou Miguel e queixou-se à Zefina:

– *Amiga, o médium, meu companheiro de tarefa, quer que eu faça a ele muitas coisas, atividades que cabem a ele. Trata-me como se eu fosse seu empregado e não tivesse mais nada a fazer do que ser babá dele.*

– *Calma!* – pediu Zefina. – *Seja sincero com ele, diga: isso eu não faço, não cabe a mim fazê-lo. Minha tarefa é trabalharmos juntos, impedir que desencarnados maus o prejudiquem e incentivá-los a fazer o bem.*

– *Já falei, mas ele acha errado, quer facilidades por estar trabalhando com sua mediunidade, julga-se importante e que deve receber benefícios por isso.*

Zefina suspirou, pensou um pouquinho e respondeu:

– *Isso é orgulho! Acharmo-nos importantes por estarmos fazendo somente o que nos compete. Eu mesma, alguns dias atrás, ao pensar em reencarnar, achei que merecia alguns privilégios por estar trabalhando, fazendo o bem por tantos anos. Foi preciso que um orientador da colônia me advertisse dizendo que já recebo e recebi muito com o aprendizado que adquiri nas tarefas benéficas realizadas, pelos amigos que conquistei e que esse tesouro me acompanharia aonde quer que eu fosse. Fiquei chateada comigo por ter pedido mais do que é justo. E vejo isso acontecer muito, tanto com os encarnados quanto com os desencarnados, que se acham merecedores por terem feito suas obrigações e querem facilidades.*

"Ao fazermos o bem, fazemo-lo a nós mesmos e esse bem pode até facilitar nossa vida. Essa 'facilidade' consiste em estarmos rodeados de amigos, em conhecimentos que nos ajudam a resolver nossos problemas, em sermos perseverantes, pacientes etc. Mas, enquanto necessitarmos reencarnar na Terra, teremos dificuldades por estarmos entre espíritos imprudentes e também pelas limitações impostas pelo corpo físico."

Uma tarefeira da casa aproximou-se e ouviu o final da explicação de Zefina e também se queixou:

– *Helena, minha companheira encarnada de labuta, sempre traz muitos pedidos de parentes, amigos e vizinhos, que lhe pedem para orar por eles. Ela nos pede e cobra resultados. Já lhe disse que quem quer receber deve vir aqui e não pedir que outros o façam por eles.*

– *Você tem razão* – concordou Zefina. – *Orar faz bem especialmente a quem o faz. Quando oramos por alguém, criamos uma energia benéfica, mas a pessoa para quem oramos necessita estar receptiva para receber essas energias. Mais tarde, quando Helena estiver com o corpo físico adormecido, vou conversar com seu espírito e lhe explicar que não nos cabe fazer o que compete ao outro. Quando alguém vem aqui, recebe as energias salutares e o principal: escuta as palestras, que são sempre instrutivas, consoladoras e oram em grupo. Com certeza, aquilo que a pessoa aprende é o maior benefício recebido. Não podemos alimentar em nossos irmãos o querer ser sempre servido, o receber sem esforço. Vou alertar Helena também, que não é certo ela exigir resultados do trabalho alheio. Se quer ajudar, ela deve fazer e não pedir a outros, no caso, nós, desencarnados, para ela ter êxito perante os amigos. Quem quer faz!*

– *Eu também estou com problemas!* – manifestou-se uma senhora. – *A médium com quem trabalho está se achando indigna de fazer algo em nome de Jesus. E eu também me sinto como ela. Cometi muitos pecados quando encarnada e...*

– *Quem não os cometeu?* – interferiu Zefina. – *Sabemos que Jesus não os cometeu e Ele, Nosso Mestre, não condenou ninguém e nos motivou a sermos como Ele. Não devemos nos exaltar pelas qualidades que temos nem nos diminuir pelos erros que cometemos. Chorar, lamentar os erros do passado não os anula. E se Deus nos dá oportunidades de repará-los, porque não fazê-lo? E repararmos como? Fazendo o bem. Ninguém é digno de fazer algo em nome de Deus e Jesus, nós o fazemos por misericórdia. Ânimo, se você errou, ame mais, aconselhe a médium a fazê-lo e motive-a.*

– *Obrigada, Zefina, suas palavras me deram novo ânimo. Hoje vou fazer minha tarefa com muito amor.*

– *Nossa, é sempre assim, todos reclamando?* – perguntou Miguel ao ficar a sós com Zefina.

– *Não!* – respondeu ela. – *É que estamos sendo atacados por um grupo que se sente incomodado com o nosso trabalho. Infelizmente, isso tem atingido os tarefeiros da casa, encarnados e desencarnados. Há dois meses, veio nos procurar, em busca de ajuda, uma jovem obsediada. Ela tem 23 anos, é de família pobre, sofre terríveis crises e se machuca muito. Essa moça foi um feitor em sua outra existência, fez muitas maldades e um grupo quer vingança. Esse feitor reencarnou nesse corpo feminino negro e ela é muito feia. Os que querem se vingar levaram vinte anos para achá-lo e a estão obsediando, por isso essa moça sofre muito. O grupo pensa que somos intrometidos, que estamos nos envolvendo onde não fomos chamados, e nós queremos auxiliar todos os envolvidos. Assim, eles nos atacam, os encarnados sentem pressionados; nós, os desencarnados, temos de estar mais atentos e estamos trabalhando muito. Mas estamos esperançosos que serão todos beneficiados.*

– Por que, Zefina, esses espíritos conseguem prejudicar essa moça dessa forma? – curioso Miguel quis saber.

– A obsessão acontece pela sintonia de vibrações parecidas. Mesmo tendo sofrido muito, o espírito dessa jovem está confuso, ora se revolta por estar sofrendo, por ser negra, acha que os castigos que anteriormente deu aos escravos foram merecidos e ora sente culpa, medo e digna de castigo. Enfrenta-os e teme. Para pôr término a obsessões, o perdão tem de ser de ambos os lados, do obsessor e do obsediado. Tenho visto o obsediado enfrentar o obsessor com ódio, o rancor os une. Em outros, o obsediado sente culpa, remorso e julga certo o outro se vingar. O importante, Miguel, é nunca fazer o mal.

A conversa terminou, os desencarnados trabalhadores daquele local de caridade estavam atarefados, tinham muito o que fazer. E no horário marcado os trabalhadores encarnados foram chegando e, logo em seguida, os freqüentadores e aqueles que vieram em busca de auxílio. A moça obsediada veio acompanhada pelo pai e irmão. Estava machucada – braços, pernas e cabeça com ferimentos e as mãos queimadas. Todos se acomodaram, sentaram-se e um senhor encarnado falou por minutos sobre a importância do trabalho. Começou tratando do trabalho material que nos cabe fazer no dia-a-dia. Depois acrescentou:

– Estudar, aprender é um trabalho intelectual, porém não devemos esquecer que todo aprendizado deve dar frutos. Quem tem conhecimentos e não é útil poderá ser tachado de avarento do saber. Fazer o bem é obrigação de todos nós. Há muito a ser feito! Médiuns devem usar seu dom para auxiliar; quem não tem mediunidade deve procurar outra maneira de fazer o bem. Quando queremos, achamos o que fazer. Nunca devemos reclamar de trabalhar. Infeliz de quem não pode trabalhar como os doentes em leitos e os mais infelizes são os preguiçosos, os que querem usufruir do trabalho alheio. Cuidado com as desculpas que dão tentando se justificar para não trabalhar tanto materialmente e espiritualmente, porque elas poderão tornar-se reais. Conheço uma senhora que sempre se desculpava dizendo não ter condições para ajudar financeiramente os parentes, para não dar esmolas; passaram os anos, o esposo perdeu tudo e de fato ficou como falava, sem nada. Outro se dizia doente para não trabalhar e acabou muito mais enfermo do que dizia. E, muitas vezes, aqueles que poderiam realmente ser dispensados, não querem deixar de trabalhar. Um exemplo: um senhor daqui desta casa está com câncer, caiu quebrando o braço porém está ativo no trabalho conosco. E, por favor, ao ser útil não se julguem credores de regalias, porque a oportunidade de poder trabalhar já é um privilégio, uma bênção.

Miguel achou fantástico o que viu naquela noite. Todos os presentes receberam o passe. Depois da oração, finalizando, as pessoas foram embora ficando os médiuns. Desencarnados necessitados de orientação receberam-na pela incorporação. Dois espíritos que queriam se vingar da moça blasfemaram muito, xingaram principalmente os negros desencarnados por não se vingarem também. Em resposta, os trabalhadores da casa disseram que sofreram e que agora estavam bem porque perdoaram e os convidavam a ficar com eles. Somente um aceitou ajuda naquela noite.

Miguel gostou muito daquele intercâmbio e compreendeu que os abusos cometidos na escravidão resultaram em obsessões que poderiam durar muito tempo. O não perdoar acarreta ódios em que ora um é vítima, ora carrasco. E os que perdoaram, e que já tinham adquirido compreensão, poderiam ajudar aqueles que ainda preferiam sofrer e fazer o desafeto sofrer também. Não entendiam que a reação a todas as ações pode demorar, mas virá, se não for anulada por um grande trabalho edificante e muito amor a pessoa receberá o efeito da causa praticada. Pedro, discípulo de Jesus, afirmou com muita sabedoria: "O amor cobre multidões de pecados"[11], ou seja, anula a reação negativa. Os obsessores foram aconselhados a não serem carrascos, pois vingando estavam cometendo ações erradas, e que deveriam cuidar de si, esquecendo acontecimentos ruins, lembrando somente dos bons. Miguel concluiu que ele e Zefina haviam anulado muitos débitos fazendo o bem e era grato ao Criador por essa oportunidade.

Miguel voltou para a colônia e pensou muito no que presenciou na companhia de Zefina. Dois meses depois, terminou o curso que estava fazendo e resolveu trabalhar com a amiga.

11. Ato dos Apóstolos, 1º Pedro, 4: 8. (N.E.)

"*Vou ajudar os doentes!*", pensou. "*Quase todas as doenças são desequilíbrios. Embora haja doenças pelo desgaste e envelhecimento do corpo físico, as ervas, conselhos e amor são remédios eficientes.*"

Foi aceito pela equipe para servir junto com Zefina. Começou como simples ajudante para aprender. Quando se sentiu apto, aproximou-se de um jovem médium e passaram a trabalhar juntos. Gostou muito e procurou outros médiuns e ficou ajudando mais outros dois: uma senhora que atendia em sua casa todas as tardes e um senhor que trabalhava à noite em dias diferentes, e continuou também com o moço.

Um dia, um espírito arrogante, que se gabava de seus conhecimentos, não queria ajuda de pessoas simples, principalmente de ex-escravos, que, para ele, eram ignorantes. Miguel falou com ele, deixando o palavreado peculiar com que se expressava na sua última existência na carne e repetiu a pergunta em oito idiomas: "*Como o senhor quer que lhe dirija a palavra? O senhor desencarnou com a doença de Hodgkin*"[12]. O espírito se assustou e perguntou:

– Você não é um preto velho?

– Sou, como fui muitas outras pessoas. O que importa o nome? O senhor teve um nome importante, que lhe serviu quando seu corpo morreu? Tive muitos nomes: conde de sobrenome ilustre, Miguelo, Miguel, Preto Véio... E quantos terei ainda? Aprenda a ser humilde! Aqui está como necessitado e se quiser receber algo será dos humildes, dos que aqui trabalham; se não quiser, pode ir embora, continue a vagar, o sofrimento ensina.

---

12. Doença de Hodgkin é um tipo de câncer no sistema linfático. (N.A.E.)

O espírito pensou e resolveu receber auxílio. Miguel naquela noite aprendeu uma grande lição. O nome não importa, mas sim o que somos. Ele não se importava de ser chamado de Preto Véio nem que as pessoas pensassem que ele era ignorante. Os conhecimentos que ele tinha foram legitimamente adquiridos, lhe pertenciam, principalmente porque os usava em benefício de todos.

No final dos trabalhos daquela noite, um amigo que também estava desencarnado, com o qual estudara por alguns anos, veio visitá-lo e lhe perguntou:

– *Miguel, por que você escolheu esse trabalho? Tem muitos conhecimentos.*

– *É colocando em prática o que aprendemos que consolidamos nossos conhecimentos. Você é um mestre, ensina a muitos alunos e nós dois usamos o que estudamos, mas de modos diferentes. O importante é fazer o que gostamos e gostar do que fazemos.*

– *A maioria dos seus companheiros desencarnados de trabalho não tem estudos. Eles não querem aprender?* – o amigo quis saber.

– *Eu os tenho incentivado a estudar* – respondeu Miguel. – *Alguns aceitam, outros não. Os que não querem, justificam-se dizendo que estão primeiro desenvolvendo o amor. Mas, muitos, como eu, sabem muito. O fazer é um grande aprendizado.*

– *Você tem razão, meu amigo, nas minhas aulas eu dou os meus conhecimentos e, quanto mais dou, mais sinto serem meus. Foi para mim muito proveitoso visitá-lo. Até logo!*

Despediram-se felizes, pois existe mais alegria em servir do que em ser servido.

Perguntado se ele tinha planos para reencarnar logo, Miguel respondeu sorrindo:

– *Não, ainda não planejei voltar ao corpo físico, estou muito bem servindo, aprendendo a ser bom.*

Miguel pensou como é bom ter oportunidades de reparar os erros e que ainda bem que ele as aproveitou. Se tivesse se revoltado na sua última encarnação, não os teria resgatado e talvez acumulasse débitos. "*Como é bom aproveitar as oportunidades que Deus nos dá pelas reencarnações!*", pensou, feliz.

Miguel lembrou-se do seu sonho de liberdade acalentado por tanto tempo, que ainda continuava forte dentro dele e que se esforçava para atingi-lo. Era a montanha a ser escalada com as setas valiosas contidas no Sermão do Monte.

E, com o passar dos anos, percebeu que em todos os momentos da vida há oportunidades de fazer algo para sermos os bem-aventurados: ser desapegados, pacificadores, mansos, misericordiosos, justos; saber perdoar, amar a todos e sermos puros de coração. E, agindo assim, com certeza, seremos libertos!

FIM

Ao terminar a leitura deste livro, talvez você tenha ficado com algumas dúvidas e perguntas a fazer, o que é um bom sinal. Sinal de que está em busca de explicações para a vida. Todas as respostas que você precisa estão nas Obras Básicas de Allan Kardec.

Se você gostou deste livro, o que acha de fazer com que outras pessoas venham a conhecê-lo também? Poderia comentá-lo com aquelas do seu relacionamento, dar de presente a alguém que talvez esteja precisando ou até mesmo emprestar àquele que não tem condições de comprá-lo. O importante é a divulgação da boa leitura, principalmente a da literatura espírita. Entre nessa corrente!

Livros da Patrícia

Best-seller

Violetas na janela

O livro espírita de maior sucesso dos últimos tempos – mais de 1,5 milhão de exemplares vendidos! Você também vai se emocionar com este livro incrível. Patrícia – que desencarnou aos 19 anos – escreve do outro lado da vida, desvendando os mistérios do mundo espiritual.

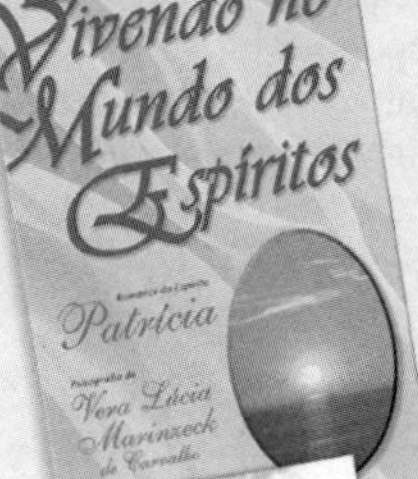

Vivendo no mundo dos espíritos

Depois de nos deslumbrar com *Violetas na janela*, Patrícia nos leva a conhecer um pouco mais do mundo dos espíritos, as colônias, os postos de socorro, o umbral e muito mais informações que descobrimos acompanhando-a nessa incrível viagem.

A casa do escritor

Patrícia, neste livro, leva-nos a conhecer uma colônia muito especial: A Casa do Escritor. Nesta colônia estudam espíritos que são preparados para, no futuro, serem médiuns ou escritores. Mostra-nos ainda a grande influência dos espíritos sobre os escritores.

O vôo da gaivota

Nesta história, Patrícia nos mostra o triste destino daqueles que se envolvem no trágico mundo das drogas, do suicídio e dos vícios em geral. Retrata também o poder do amor em benefício dos que sofrem.

Leia e divulgue!
À venda nas boas livrarias espíritas e não-espíritas

Psicografados por Vera Lúcia Marinzeck de Carvalho

petit

Livros de José Carlos De Lucca

Atitudes para vencer

O sucesso depende de nossas atitudes! Não perca tempo: tudo pode ser muito melhor do que você imagina! *Atitudes para vencer* é um livro que sugere, explica e exemplifica ações que vão mudar sua vida.

Olho mágico

Descubra que nem sempre o que enxergamos é a realidade. José Carlos De Lucca ajuda-nos a encontrar soluções para nossas dificuldades por meio de histórias, comentários e sugestões práticas.

Com os olhos do coração

A harmonia entre os familiares no relacionamento doméstico é o alicerce da vida feliz! Para quem deseja entender e superar os desentendimentos é uma excelente oportunidade para conquistar uma vida melhor.

Para o dia nascer feliz

Sugestões práticas para superar dificuldades e vencer a incerteza, o desânimo e a depressão. Verdadeira investida na direção da felicidade, apresenta ao leitor valiosa coletânea de recomendações.

Justiça além da vida

Desde menino, Mário sonha em ser delegado de Polícia. Um dia, um incidente o leva a conhecer a doutora Lúcia, ao lado de quem vai viver grandes emoções e enfrentar a corrupção, deste e do outro lado da vida.

Sem medo de ser feliz

Um verdadeiro *best-seller*: 89 mil exemplares vendidos. Diálogo aberto com o leitor, sugere – sem impor regras – como direcionar a força interior para atrair a felicidade. Leitura fácil e envolvente.

Se você quiser conhecer todos os nossos títulos, e se interessar em receber um catálogo, sem compromisso, envie seus dados para Caixa Postal: 67545 – Ag. Almeida Lima – CEP 03102-970 – São Paulo – SP ou se preferir via e-mail: petit@petit.com.br

petit